产业基础高级化
——链式理论的构建与应用

朱明皓　著

电子工业出版社

Publishing House of Electronics Industry

北京 · BEIJING

内 容 简 介

本书回顾了我国产业基础发展现状与理论研究进展情况，对产业链、工业化与新型工业化、产业分工与现代产业体系、产业链供应链与价值链等相关理论进行了总结分析，界定了产业基础与产业基础产业高级化的基本概念，研究了德国、日本、美国等工业强国产业基础高级化的典型经验，提出了产业基础对社会经济的影响机制，结合我国独特的产业现状，提出由"链式备份""链式突破""链式改造""链式政策"共同构成的链式理论体系，并对产业基础进行了评价，对于产业基础和产业基础高级化的体系化研究具有积极的建设性作用。

本书适合产业经济学和管理学专业本科生、研究生，产业基础领域的专家、学者，以及企业从业人员、政府工作人员学习参考。

图书在版编目（CIP）数据

产业基础高级化：链式理论的构建与应用 / 朱明皓著. —北京：电子工业出版社，2023.6

ISBN 978-7-121-45693-0

Ⅰ. ①产… Ⅱ. ①朱… Ⅲ. ①制造工业—产业发展—研究—中国 Ⅳ. ①F426.4

中国国家版本馆 CIP 数据核字（2023）第 098501 号

责任编辑：马文哲

印　　刷：三河市良远印务有限公司

装　　订：三河市良远印务有限公司

出版发行：电子工业出版社

　　　　　北京市海淀区万寿路 173 信箱　　邮编：100036

开　　本：720×1 000　1/16　印张：13　字数：250 千字

版　　次：2023 年 6 月第 1 版

印　　次：2023 年 6 月第 1 次印刷

定　　价：89.00 元

凡所购买电子工业出版社图书有缺损问题，请向购买书店调换。若书店售缺，请与本社发行部联系，联系及邮购电话：（010）88254888，88258888。

质量投诉请发邮件至 zlts@phei.com.cn，盗版侵权举报请发邮件至 dbqq@phei.com.cn。

本书咨询联系方式：（010）88254484，xucq@phei.com.cn。

序

  产业基础薄弱是我国社会经济发展的"阿克琉斯之踵",基础不牢、地动山摇。随着我国工业化进程的深入,传统后发优势逐渐向后发劣势转变,以基础零部件、基础材料、基础工艺、工业基础软件、标准和检测检验系统为代表的产业基础领域"卡脖子""短板"问题显现,基础产品和技术可靠性和一致性差、试验验证环境缺失、国产化应用困难等与推进新型工业化的需求无法匹配。当前,国际环境动荡不安,需求收缩、供给冲击、预期转弱三重压力仍然较大,狠抓产业基础高级化,着力解决产业链供应链薄弱环节,推动产业发展与安全并举,是支撑中国式现代化目标实现的重要基石。

  为了引导全社会重视产业基础、补强产业基础,从 2011 年开始,我国着力系统提升产业基础能力,学习借鉴工业发达国家的典型经验和做法,陆续制定发布了《机械基础件、基础制造工艺和基础材料产业"十二五"发展规划》《关于加快推进工业强基的指导意见》《工业强基工程实施指南》等,在关键核心产品和技术突破、重点产品"一条龙"国产化应用、绿色工艺推广、标准体系完善、检测检验平台建设、专精特新"小巨人"企业培育等方面取得了可喜进展。

  中国特色社会主义已经进入新时代,中心任务是全面建成社会主义现代化强国、实现第二个百年奋斗目标,以中国式现代化全面推进中华民族伟大复兴。中心任务的提出，要求我国要坚持把发展经济的着力点放在实体经济上，推进新型工业化，加快建设制造强国、质量强国、航天强国、交通强国、网络强国、数字中国。产业基础高级化是推进新型工业化的核心和基础，也是其中的难点和重点。当前，信息通信设备、电力装备、新能源汽车、机床与机器人等领域若干项产品和技术存在薄弱环节、国内空白、差距较大等问题，低端基础产品过剩、中高端产品依赖进口的结构性失衡问题凸显，基础核心技术与创新设计能力薄弱，共性技术供给不足，影响发展质量和效益提升，高端供给能力不能完整满足下游整机主机需求及重大工程和重点项目建设需要，必须加快动力效率机制变革并着力解决。

改革开放四十多年来，我国制造业一直处于高速增长阶段，我们充分发挥我国劳动力、土地、能源低成本优势，借助基础产品和技术国外引进、主机和成套设备组装等方式，走出了一条快速工业化的发展道路。近年来，支撑制造业发展的条件和环境已经发生了深刻变化，传统低成本优势无以为继，我国整体发展的需要和技术水平的提高，使跟随模仿的技术路径不再适合；国际环境对我们的自主创新和核心技术掌握提出了更高的要求。进入新时代，14亿人民日益增长的美好生活需要，统筹发展与安全和以国内大循环为主体、国内国际双循环相互促进的新发展格局对产业基础提出了新的、更高的要求。我国制造业正在向高端化、智能化、绿色化发展，大力提升产业基础能力，加快探索基础领域与整机主机领域协同发展的新路径、新模式，是建设制造强国的关口。习近平新时代中国特色社会主义思想，为推动我国产业基础高级化和产业链现代化指明了方向。

充分发挥"集中力量办大事"的政治优势和体制优势。发扬"两弹一星"精神，采用新型举国体制，集中力量，统一指挥，动员和组织"突击队伍"，针对可能出现的极端情况开展产业链重构，实现关键产业链供应链的企业、产品和技术备份。

强化政府和市场相结合的优势，"由点及线、由线及面、点线面结合"共同推进全产业链持续创新能力建设。以产业链供应链为整体单位，集中产品上中下游关联企业，包括产品设计企业、材料开发企业、工艺开发企业、装备制造企业、应用示范推广企业等，进行创新要素的集中投入，开展协同创新，实现"链"上关键产品质量提升、附加值提高。

开展智能化、绿色化技术改造。发挥产业链内整机主机产品的引领作用，加大智能化和绿色化技术的引入，通过专业分工、服务外包、订单生产等多种方式形成产业链整体改造。即基础产品向智能产品绿色产品转变的过程，同时形成产业链供应链体系内的基础产品与整机主机产品融通发展新格局。

培育一批专精特新冠军企业。支持基础领域的中小企业专业化、精细化、特色化、新颖化发展，加大研发投入和国际发明专利布局，集中力量进行产品谱系化研发制造，努力成为细分领域的技术引领者、标准制定者、产业链控制者。

《产业基础高级化——链式理论的构建与应用》一书凝结了作者近十年来的调查、研究和经验总结，并经过了工业强基工程的实践验证，对于解决我国产业基础薄弱问题，突破关键核心基础产品和技术、构建安全完整产业链具有积极的指导意义。

产业基础高级化是一项系统工程，涉及面广，既要求各级政府加大支持力度、加大产业链供应链协调，也需要产学研用金各界通力协作，还需要借鉴发达国家基础产品和技术研发、应用、迭代经验。希望全社会出谋划策、脚踏实地，为我国的产业基础高级化发展贡献一份力量。

中国机械工业集团有限公司党委常委、副总经理、总工程师，中国工程院院士，中国科协副主席，国家产业基础专家委员会主任

2023 年 4 月 24 日

前　言

从 2013 年第一次与产业基础发生交集，到本书稿完成之时，刚好整整十年时间，十年来一直围绕产业基础开展制造业相关战略研究和行业研究，在国内外环境的不断变化下，逐渐探索总结形成了一套基于链式理论的产业基础高级化系统推进方法。

为了更好地推进工业发展，工业和信息化部组织院士专家团队开始编制装备制造业的"十二五"发展规划。在规划前期的研究过程中，院士专家们发现装备制造业普遍存在一个共性问题，那就是机械基础件、基础制造工艺和基础材料已经成为制约我国装备制造业发展的关键问题之一，于是开始着手研究编制了《机械基础件、基础制造工艺和基础材料"十二五"发展规划》，简称"三基"规划，并于 2011 年正式发布，提出要重点发展 20 项标志性机械基础件、15 项标志性基础制造工艺和 12 种标志性基础材料。

2012 年博士毕业以后，于中国电子信息产业发展研究院和中国科学院计算技术研究所开展博士后工作，在博士后导师肖华老师的引领和布置下，首次认识了"工业"、认识了"基础"。作为管理科学专业毕业的博士生，刚接触机械行业、电子信息行业时一头雾水，很迷茫博士后期间如何选择研究方向。幸运的是，肖老师的理论根底扎实且实践经验丰富，根据当时业务工作的紧迫需要，提出让我来开展工业强基战略研究，也就开始了与产业基础研究长达十年的不解之缘。肖老师认为"实践出真知",一个全新方向的研究需要从具体实践工作中分析问题、总结经验、提出发展路径和方法。在实践中,我的主要工作就是研究如何强化我国工业基础,这样一边工作一边学习并开始研究,逐渐学会从实践中提炼分析的能力,从实际工作中积累了一些经验。博士后工作期间,结识了很多从事工业强基工作和研究的领导、同事,他们尽一切努力在包容一个对制造业知之甚少的学生,容忍了我在工作中的莽撞,也一直帮助我平衡工作和研究的关系。

2014年,中国工程院、工业和信息化部、国家质检总局联合开展工业强基战略研究,路甬祥院士作为该项目的负责人,带领数十位院士专家开展基础零部件、基础材料、基础工艺和产业技术基础的顶层设计。当时,作为这个项目的联络人之一,开始参与中国工程院的战略课题,从最开始撰写工业强基的战略意义,到后来作为课题主要执笔人之一,参与总报告的起草、研讨、调查和研究工作。逐渐深入分析后,我学习到了开展战略研究的系列分析方法,包括现状总结、问题分析、国内外形势分析、路径规划、政策措施设计等,认识到了深入企业调研的重要性和必要性。经过对历史发展脉络的整理和现状的调查研究,我在博士后论文中提出了"鼓励整机用户、基础研发和生产企业、高等院校、科研机构开展产需对接联合攻关和应用"的工业强基推进路径,在博士后结题答辩时,得到了中国工程院战略咨询中心制造业研究室主任屈贤明老师的高度认可,并将其升华到"链式推进",也就是链式理论的第一次展示。

2015年完成博士后工作以后,得到一个返回学校工作的契机,在各位老师的支持下,顺利进入北京交通大学开展教学研究工作。在入职北京交通大学之时,受屈贤明老师的邀请,正式加入中国工程院战略咨询中心制造业研究室,作为一名特聘专家,得以继续开展工业强基相关的战略研究工作,从联络人的角色向研究者的角色转变,在项目研究过程中陆续到江苏省苏南五市、浙江省宁波市、湖南省长株潭城市群、上海市等具有一定突破"四基"关键核心产品和技术积淀的地区开展政府和企业调研工作,对于如何发挥企业作用，特别是中小企业的作用对解决工业基础问题有了一定的了解，也进一步认识到单个项目突破无法有效实现工业基础能力提升，需要把基础产品和技术与产业链协同思考，从而实现关键基础产品和技术对产业链的安全支撑。在这期间，参与了《工业强基工程实施指南（2016—2020）》的研究和起草工作，在工信部规划司和中国工程院战略咨询中心的支持下，探索运用"链式推进"的方法，推动工业基础能力提升。五年来，设置了"工程机械高压油泵、多路阀、马达""轻量化材料精密成形技术'一条龙'应用计划"等 16 个"一条龙"的重点项目，在机械工业规划研究院、机械研究总院等试点单位的推动下，实现了工程机械液压件、轻量化工艺的自主化突破与应用，促成了重点产品供应链上中下游的持续协同合作。

2017 年，国际环境发生重大变化，多个领域的先进产品、技术、工艺受到发展限制，给我国社会经济安全和国防安全带来严峻挑战，加快提升中高端基础零部件、基础材料、基础工艺等产品和技术供给能力成为了迫切需求。自 2019 年开始，工业基础提级为产业基础，得到了党中央、国务院的高度重视，中央财经委员会第五次会议就产业基础召开专题会议，并提出要全面推进产业基础高级化和产业链现代化。根据部署，中国工程院陆续开展了"产业基础能力提升战略研究""强化产业基础和提升产业链的战略研究"两期战略研究，并在"制造强国战略研究中"每年均设置了产业基础相关课题，在参与课题研究的过程中，通过进一步深度分析，提出将产业基础分为"卡脖子""短板"和"迭代应用"三类问题，进一步细化分级分类，提出了不同的解决路径与政策措施。同时，2019 年开始陆续在中信改革发展研究基金会承担了多项国家高端智库课题，从新型举国体制、产业链智能化改造、大中小企业融通发展等角度再次审视研究产业基础高级化问题。

近年来，一直努力着手将产业基础的历年研究成果进行整理、总结、分析，试图通过系统工程的思维方式提出系统化解决产业基础薄弱问题的路径和措施，并构建较为完整的理论体系进行实践。在屈贤明老师的多次督促下，最终完成了《产业基础高级化——链式理论的构建与应用》一书。

在此书稿完稿和印刷之际，感谢我研究的引路人——尊敬的肖华老师，感谢我人生的伯乐——尊敬的屈贤明老师，感谢我从事制造业研究的指导人——尊敬的董景辰老师和陈警老师，感谢中国工程院战略咨询中心制造业研究室杨晓迎、臧冀原、薛源对于产业基础研究的支持，感谢机械工业规划研究院王万和秦川机床研究院陈长胜给予资料支持。

由于时间仓促，作者水平有限，书中难免存在不足之处，敬请读者和专家批评指正。

朱明皓

2023 年 3 月于北京

目　　录

第1章　引言 ……………………………………………………………… 1

　1.1　研究背景与研究意义 ……………………………………………… 1

　　1.1.1　研究背景 ………………………………………………………… 1

　　1.1.2　研究意义 ………………………………………………………… 4

　1.2　研究现状 …………………………………………………………… 5

　　1.2.1　产业基础政策沿革 ……………………………………………… 5

　　1.2.2　文献综述 ………………………………………………………… 7

　1.3　研究方法与主要内容 ……………………………………………… 10

　　1.3.1　研究方法 ………………………………………………………… 10

　　1.3.2　主要内容 ………………………………………………………… 12

第2章　相关理论与方法 ………………………………………………… 14

　2.1　产业理论 …………………………………………………………… 14

　　2.1.1　工业化与新型工业化 …………………………………………… 14

　　2.1.2　产业分工与现代产业体系 ……………………………………… 17

　　2.1.3　价值链与产业链供应链 ………………………………………… 20

　2.2　定量方法 …………………………………………………………… 26

　　2.2.1　主成分分析 ……………………………………………………… 26

　　2.2.2　深度学习 ………………………………………………………… 29

第3章　基本概念 ………………………………………………………… 34

　3.1　产业基础 …………………………………………………………… 34

　　3.1.1　广义内涵 ………………………………………………………… 34

　　3.1.2　狭义内涵 ………………………………………………………… 36

　　3.1.3　典型特征 ………………………………………………………… 40

3.2 产业基础高级化 …………………………………………………… 42

　3.2.1 内涵 …………………………………………………………… 42

　3.2.2 阶段目标 ……………………………………………………… 44

　3.2.3 主要衡量维度 ………………………………………………… 45

　3.2.4 标志性特征 …………………………………………………… 47

　3.2.5 产业基础高级化的阶段划分及标准 ………………………… 48

第4章　产业基础高级化的典型经验 …………………………………… 51

4.1 德国——严格的工业标准、成熟的技术转化和人才培养"双元制" … 51

　4.1.1 工业标准保证基础产品质量 ………………………………… 52

　4.1.2 成熟的技术转化体系促进产业技术落地 …………………… 53

　4.1.3 "双元制"教育体系为德国产业基础提供可靠的技术工人 …… 55

4.2 日本——产业政策的推动和中小企业的支撑 …………………… 56

　4.2.1 产业政策积极推动 …………………………………………… 56

　4.2.2 高度专业化中小企业的支撑作用 …………………………… 58

　4.2.3 "下包制"的大中小企业合作形式 ………………………… 61

4.3 美国——军工驱动、政企合作与国家战略 ……………………… 63

　4.3.1 国防和军事需求带动基础领域发展 ………………………… 63

　4.3.2 政企合作的产业发展模式 …………………………………… 67

　4.3.3 将重点领域视为国家战略 …………………………………… 68

第5章　产业基础对社会经济的影响机制 ……………………………… 69

5.1 影响渠道与影响方式 ……………………………………………… 69

5.2 产业基础对社会经济的影响渠道 ………………………………… 70

5.3 产业基础对社会经济的影响方式 ………………………………… 71

5.4 产业基础对社会经济直接影响分析 ……………………………… 72

　5.4.1 产业基础对社会的直接影响 ………………………………… 72

　5.4.2 产业基础对经济的直接影响 ………………………………… 73

　5.4.3 产业基础对国防的直接影响 ………………………………… 74

　5.4.4 产业基础对资源的直接影响 ………………………………… 75

5.5 产业基础对社会经济间接影响分析 ……………………………… 76

　5.5.1 产业基础对社会的间接影响 ………………………………… 76

　5.5.2 产业基础对经济的间接影响 ………………………………… 78

　5.5.3 产业基础对国防的间接影响 ………………………………… 79

　5.5.4 产业基础对资源的间接影响 ………………………………… 80

第 6 章　链式备份 ··· 81

6.1　基本内涵与特征 ··· 81

6.1.1　基本内涵 ··· 81

6.1.2　主要特征 ··· 85

6.1.3　主要模式 ··· 86

6.2　核心策略 ··· 87

6.2.1　项目组织管理策略 ··· 87

6.2.2　人才引育策略 ··· 89

6.2.3　企业培育策略 ··· 90

6.2.4　技术攻关策略 ··· 91

6.2.5　环境营造策略 ··· 93

6.3　推进路径 ··· 94

6.3.1　组织保障路径 ··· 94

6.3.2　政策保障路径 ··· 95

6.3.3　要素保障路径 ··· 97

6.3.4　市场保障路径 ··· 98

第 7 章　链式突破 ·· 101

7.1　基本内涵与特征 ·· 101

7.1.1　基本内涵 ·· 101

7.1.2　主要特征 ·· 103

7.2　实施的主要难点 ·· 104

7.2.1　产品技术能力滞后、竞争力薄弱 ··························· 104

7.2.2　产业链供应链上中下游矛盾 ································· 105

7.3　推进路径 ·· 107

7.3.1　识别薄弱短板 ·· 107

7.3.2　强化共性技术创新 ··· 109

7.3.3　大中小企业协同创新 ·· 110

7.3.4　建立信任机制 ·· 111

7.3.5　市场需求引导 ·· 112

7.3.6　深化链上企业融通合作 ······································· 114

7.3.7　政策持续支持 ·· 115

7.4　"一条龙"实践验证 ·· 116

7.4.1　基本情况 ··· 116

7.4.2 实施方案 ··· 117

7.4.3 实施效果 ··· 119

第8章 链式改造 ··· 120

8.1 基本内涵与特征 ·· 120

8.1.1 基本内涵 ··· 120

8.1.2 主要特征 ··· 121

8.2 改造主线 ··· 125

8.2.1 智能化改造 ··· 126

8.2.2 绿色化改造 ··· 127

8.3 推进路径 ··· 128

8.3.1 以新技术、新产品的研发应用与迭代为牵引推动基础领域产
业链提升核心竞争力 ··· 129

8.3.2 逐层逐步有序推进基础领域开展链式改造 ··············· 130

8.3.3 支持新模式新业态创新拉动链式改造 ····················· 132

8.3.4 政策联动支持企业开展链式改造 ·························· 133

8.4 典型案例 ··· 135

8.4.1 基本情况 ··· 135

8.4.2 实施任务 ··· 135

8.4.3 实施效果 ··· 138

第9章 链式政策 ··· 139

9.1 基本内涵与特征 ·· 139

9.1.1 基本内涵 ··· 139

9.1.2 主要特征 ··· 141

9.2 链式政策主题构建 ··· 143

9.2.1 政策文件来源 ·· 143

9.2.2 引文分析 ··· 144

9.2.3 政策工具数据集构建 ·· 147

9.2.4 政策主题词结果分析 ·· 148

9.3 政策工具协同分析 ··· 151

9.3.1 模型构建 ··· 151

9.3.2 政策工具协同概率 ··· 153

9.3.3 政策工具协同系数 ··· 155

9.4 推进路径 ··· 158

9.4.1　加大政策主体协作水平，提高产业基础建设系统化程度 …… 158

9.4.2　提高政策工具组合使用效率，建立有效的产业基础扶持机制 … 159

9.4.3　丰富产业要素多元化投入，实现产业基础全方位发展 ……… 159

9.4.4　以市场需求牵引技术创新，以政策保障驱动创新落地 ……… 160

第 10 章　产业基础评价体系与评估指数 ……………………………… 161

10.1　构建方法 ……………………………………………………… 161

10.1.1　思路和基本原则 ……………………………………… 161

10.1.2　指标的构建特点 ……………………………………… 162

10.2　产业基础评价指标体系的内容 ……………………………… 163

10.2.1　基础零部件和元器件 ………………………………… 164

10.2.2　基础材料 ……………………………………………… 165

10.2.3　基础工艺和制造装备 ………………………………… 166

10.2.4　工业基础软件 ………………………………………… 167

10.2.5　标准和基础检测检验系统 …………………………… 168

10.3　数据来源与预处理 …………………………………………… 169

10.3.1　数据来源 ……………………………………………… 169

10.3.2　对标国家选取 ………………………………………… 169

10.3.3　数据预处理 …………………………………………… 170

10.4　产业基础指数结果分析 ……………………………………… 172

10.4.1　产业基础指数 ………………………………………… 172

10.4.2　二级指标评价结果 …………………………………… 173

参考文献 ……………………………………………………………… 181

后记 …………………………………………………………………… 189

第 1 章

引言

产业基础薄弱是我国制造业由大变强的症结。随着我国制造业发展迈入新的历史时期，基础不牢、技术不强等问题愈发成为制约我国产业升级的重大阻碍，实现产业基础高级化、提高产业基础对产业的支撑能力迫在眉睫。

1.1 研究背景与研究意义

1.1.1 研究背景

我国制造业发展已经进入新阶段，制造业形成规模上"量"的积累。经过改革开放四十多年的持续努力，我国制造业快速发展，总体规模大幅提升，自 2010 年以来，我国制造业总体规模一直位居全球第一，综合实力不断增强，成为国际制造业体系不可缺失的重要力量。2021 年制造业增加值达 31.4 万亿元，占全球比重近 30%。在世界 500 多种主要工业产品中，我国有 220 多种工业产品产量居全球第一，产业基础领域的体系和规模也伴随成长。一个制造企业在中国打半小时电话可以完成的配套工作，在其他国家需要半个月。

"质"的跨越远未完成，供给端结构优化带来紧迫感。我国属于后发国家，与发达国家相比在技术和产品上存在一定的代际差，产业和技术发展主要是跟随、模仿、追赶，随着改革开放以来的持续追赶，传统后发优势已经逐渐向后发劣势转变，传统的技术"引进消化"逐步向"原创"转变，产品也从"模仿创新"向"原创设计"转变。"质"的变化就必然要求提高制造业附加值，根据制造业产品的附加值构成，整机和系统集成的附加值远低于核心基础零部件和元器件、关键基础材料、工业软件等产业基础领域的基础产品和技术。以特斯拉标准续航产品 Model3（国产）为例，动力电池、电机、电控等三电系统合计成本 6.1 万元，约占产品实际成本的 34%，这些也是车辆续航里程能够达到 445 公里的决定性零部件。

从需求端来看，制造业产品和技术的消费需求正在升级。党的十九大明确提出，我国已经进入中国特色社会主义新时期，我国社会主要矛盾已经转化为人民日益增长的美好生活需要和不平衡不充分的发展之间的矛盾，社会矛盾的转换对制造业提出了新的要求，必须从传统的中低端产品向中高端产品转型升级。同时，我国提出了构建国内国际双循环相互促进的新发展格局，也要求发挥国内市场的重要作用，重点推进国内循环体系的建立。我国人均 GDP 已经突破 1 万美元，正处在跨越中等收入阶段、迈向高收入国家行列的关键时期，最大规模的中等收入群体蕴含着巨大的消费升级需求。当前在供给侧结构性改革的前提下，制造业发展不再满足于规模效应，不再满足于低附加值产品的重复制造，制造业应主要为满足人民日益增长的美好生活需要服务，为人民提供更好的产品供给，解决不平衡不充分问题，支撑国内产业循环顺畅。如，传统汽车是为了解决人们的出行需求，现代智联网汽车则更多成为用户交互平台的新产品。

但是，我们也要注意到，当前阶段，我国制造业面临的最根本问题就是产业基础薄弱，我国产业基础不足以支撑两个一百年伟大目标的实现。根据中国工程院制造强国指数，中国制造业依然以规模拉动为主，且规模指数已经接近 60%的贡献度，而结构优化指数连续三年下降，持续走低，原因就是我国基础产业（主要包括：基础零部件、数控机床、仪器仪表产业）增加值占全球比重从 2013 年

的 11.54% 跌至 2021 年的 6.49%。产业基础与美、日、德差距进一步
拉大，空壳化、空心化现象更加严重，核心基础零部件（元器件）、
基础材料、基础工艺的制约性日益凸显，已成为制约制造强国建设
的最大瓶颈。同时基础研发经费投入不足，共性技术缺失，制造业
的核心竞争力提升不够。产业基础薄弱制约了制造业向制造强国第
二方阵迈进。

因此，从我国现实需求出发，从国内外实践总结着手，系统分
析产业基础和产业基础高级化内涵，构建推进产业基础高级化的链
式理论，弥补我国产业基础支撑力薄弱问题，解决产业的"堵点""漏
点"，是研究制造业的重点方向之一。

从国际上来看，以中国为代表的发展中国家的经济实力、科技
实力与发达国家之间的差距逐渐缩小，甚至在部分领域的产品和技
术形成了一定的超越之势，发展中国家的经济体量已经改变了传统
WTO 框架下的国际贸易平衡，全球竞争格局、贸易谈判方式、产业
链分工正在重新构建。美国与欧洲、日本等西方发达国家致力于产
业重构，促使产业链上主要制造能力从中国转出。2018 年 4 月 16
日，美国商务部发布公告称美国政府在未来 7 年内禁止中兴通讯向
美国企业购买敏感产品，拉下了技术封锁和产品限制的铁幕，华为、
海康威视、中科曙光等国内高科技企业纷纷进入限制名单，北航、
北理工、哈工大等一批知名高校的国际交流受到全面限制，MATLAB
等专业软件也难以使用。美国对中国的限制和封锁主要集中在产业
基础领域，对我国制造业发展和经济安全带来挑战。未来制造业的
国际合作不确定性增加，严重阻碍了我国对先进的基础产品和技术
的获取，以及人才的交流交往。

核心基础零部件（元器件）、基础材料进口日趋困难，给我国产
业链供应链稳定带来挑战。在全球疫情的叠加影响下，全球产业链
加快重新洗牌，产业链出现"梗阻"现象，国内制造业企业采购关
键零部件、原材料的困难性增加，传统欧美国家订单需求也进一步
减少，传统的企业生产模式和增长方式维系困难，不利于国内产业
链供应链稳定。

从技术发展来看，新一轮科技和产业革命正在推动制造业发生深刻变革，制造业面对新技术的涌现正处于新的历史交汇期。以5G、物联网、工业互联网、卫星互联网为代表的通信网络基础设施，以人工智能、云计算、区块链等为代表的新技术基础设施和以数据中心、智能计算中心为代表的算力基础设施等的最佳应用场景集中在制造业。数据也成为一种新的资源要素，数据产品成为像物理产品一样重要的企业制造产出，可供分析的数据爆发式增长。在新一轮科技和产业革命中，无论是新一代信息技术还是数字经济的发展，都离不开高端芯片、传感器等产业基础领域产品提供基础载体。数据和技术只有附着于产品之上才能体现价值，尤其是近年来传感器和存储器的发展，大大降低了数据采集和存储的成本，使得可供分析的数据能够爆发式增长。通过在制造业的产品和生产线中融入传感器，在市场规划、设计、制造、销售、维护等过程都会产生大量的结构化和非结构化数据，形成具有多源异构、多尺度、不确定、高噪声等特征的制造业大数据。更值得关注的是，基础材料的变革奠定了集成电路领域的发展，第三代半导体材料决定了信息技术产业的国际竞争格局。

我国产业基础领域的中高端产品主要依赖进口，零部件、元器件、材料、检测检验仪器、工业软件等产品缺少国内布局，对我国制造业发展将带来重大影响。产业基础薄弱已经对产业链供应链顺畅造成重大影响，迫切需要开展研究，提出具体路径和方案加以解决。同时，产业基础决定了新一轮科技和产业革命未来国际竞争的胜出者，我国要充分把握这一轮科技和产业革命，着力弥补产业基础薄弱的同时，超前布局一批新材料、新器件和新工艺。

1.1.2　研究意义

基础不牢，地动山摇。我国制造业发展进入新阶段，产业基础的推进志在必行。产业基础不仅关乎制造业长期稳定发展，更是实现社会经济高质量发展的强大背书。本书回顾我国产业基础发展现状与理论研究进展情况，对工业化与新型工业化、产业分工与现代产业体系、价值链与产业链供应链等相关理论进行总结分析；界定产业基础、产业基础高级化的基本概念；研究德国、日本、美国等工业强国产业基础高级化的典型经验；提出产业基础对社会经济的影响机制；结合我国独特的产业现状，提出以链式备份、链式突破、链式改造、链式政策为核心的链式理论体系，研究其基本内涵、主要特征、核心问题、推进路径、实践经验；构建国际制造强国产业基础评价体系，对于产业基础和产业基础高级化的体系化研究具有积极的建设性作用。

"十四五"时期作为"两个一百年"奋斗目标的战略交汇期，是全面建设社会主义现代化国家的关键阶段。在新一轮产业革命与信息技术革命的背景下，产业基础高级化是补齐制造业短板、掌握产业链自主权、提升产业水平的基础保障，也是推动制造强国、促进社会经济高质量发展的必由之路。国际形势复杂多变，我国部分领域关键核心环节受制于人，存在着"断链"风险，产业发展仍存在着结构失衡、国际竞争力不足等问题。本书为解决产业基础薄弱问题提供参考，为进一步分析实现我国产业基础高级化的基本路径与政策导向提供依据，为产业基础领域的研发创新与政策法规、市场机制的有机结合、解决中国产业核心技术未实现完全国有化的困境提供助力，以期提升我国产业链供应链现代化水平，加速构建现代产业体系，推动经济高质量发展。

1.2 研究现状

1.2.1 产业基础政策沿革

我国政府部门早在 2011 年便开始实施以工业强基作为工业转型升级重要举措的专项工程。工信部于 2011 年 11 月发布《机械基础件、基础制造工艺和基础材料产业"十二五"发展规划》，指出在"三基"（机械基础件、基础制造工艺和基础材料产业）领域我国已经形成一定的产业规模，产业增长趋势稳定，配套能力不断增强，区域聚集效应明显，装备技术水平提升显著，但依然存在自主创新能力薄弱、产业结构不尽合理、产品总体水平偏低、生产工艺装备落后等问题，围绕"十二五"时期装备配套需求，选取了20种标志性机械基础件、15项标志性基础制造工艺和12种标志性基础材料重点发展。

2014年，工信部印发《关于加快推进工业强基的指导意见》，正式提出工业"四基"这一重要概念，并指出"关键基础材料、核心基础零部件（元器件）、先进基础工艺、产业技术基础（简称"四基"）是提升工业核心竞争力的重要基础。"我国开始认识到工业基础能力不强已经对工业转型升级、工业质量效益提升形成了较大制约，从此拉开了我国工业基础建设的帷幕。

2015年，中国制造强国战略发布，这是中国实施制造强国战略的第一个十年行动纲领，标志着我国工业发展进入了全新的阶段，以战略性新兴产业和技术密集型产业为主导，加强技术创新，加快新旧动能转换，加速"中国制造"向"中国创造"转变，引领中国经济保持中高速增长。针对产业基础薄弱等问题，中国制造强国战略中提出要制定工业强基实施方案和"四基"发展目录，发布工业强基发展报告，实施工业强基工程，统筹军民技术融合发展，开展前瞻性基础研究，加大关键共性技术保障力度和对基础领域研究的支持力度，培养专业技术人才，引导整机企业、"四基"企业、科研单位对接，构建产业联盟，开展工业强基示范应用，完善首台（套）、首批次政策，推进"四基"产品的应用推广。

2016年，工业和信息化部、国家发展和改革委员会、科技部、财政部联合发布了《工业强基工程实施指南（2016—2020年）》，制定了一揽子重点领域突破、一条龙重点产品应用示范、一批专精特新"小巨人"企业载体建设、一批产业技术基础平台建设，以及"四基"领域军民融合发展等重点任务，加强顶层设计形成可持续推进机制，释放工业发展新活力。通过提供财税金融政策支持、简政放权提供试错环境、加大示范区人才培育引进力度等措施调动各方积极性，加快推动产业转型升级。

2021 年,《中华人民共和国国民经济和社会发展第十四个五年规划和 2035 年远景目标纲要》将加强产业基础能力建设作为深入实施制造强国战略的目标之一，要求通过"实施产业基础再造工程，加快补齐基础零部件及元器件、基础软件、基础材料、基础工艺和产业技术基础等瓶颈短板"，明确了产业基础在制造强国中的重要地位，并指出了下一阶段我国制造业的转型方向。

进入"十四五"时期，中央政府加快了建设产业基础的行动步伐，深入组织开展产业基础再造工程，各地方政府也积极推进，如《浙江省实施制造业产业基础再造和产业链提升工程行动方案（2020—2025 年）》、湖南省《产业基础再造工程实施方案》等地方性规划文件陆续发布。

1.2.2　文献综述

（1）相关概念

关于产业基础，学术界从不同的角度对其做出了不同的解释。

第一类观点认为，产业基础是"工业基础"的衍生和拓展。中国制造强国战略中，工业基础主要包括核心基础零部件（元器件）、关键基础材料、先进基础工艺和产业技术基础（简称"四基"）。我国"四基"能力薄弱，是制约制造业创新发展和质量提升的症结所在。随着经济发展阶段和条件变化，工业基础的概念得到进一步拓展，除传统工业"四基"以外，研发设计类、生产控制类、管理运营类、服务保障类等工业软件作为解决工业技术高级化问题的重要一环，在工业和信息产业深度融合的背景下，成为工业"四基"的第五个"基础"，即工业"五基"。亦有学者认为，虽然中国制造强国战略中只有零部件等"四基"，然而在工业领域，尤其是在世界能源革命的背景下，动力也是工业的重要基础，其意义要远远大于其他"四基",因此该意义上的产业基础,除工业"四基"加上工业软件外,还应包括基础动力。

第二类观点从产业结构和产业支撑能力的角度对产业基础的内涵进行解释。该框架下认为广义上的产业基础指我国在推动新型工业化、信息化、城镇化、农业现代化等同步发展的过程中,与之相适应的产业支撑要素总和以及要素间的关联关系,是可以支持和引导一个国家(地区)产业形成和发展、涵盖不同类型的基础性要素的支撑,如基础产品和技术、基础平台、新型基础工业设施等。而根据一二三产业之间的关系以及第二产业对国民经济规模和劳动生产率的影响,产业基础在现在的社会经济发展阶段中应该更着重于第二产业,即工业。因此,狭义的产业基础主要指第二产业的底层要素,即基础零部件和元器件、基础材料、基础工艺和制造装备、工业基础软件、标准和基础检测检验平台(简称"五基")。这类观点下产业基础不与前面的工业"五基"直接对应,其概念范围也更为宽泛,是从产业以及社会经济发展需求的角度所总结的涵盖不同类型的基础性组成,是结合在新时代、新形势下的我国自身情况所提出的产业升级目标。

也有专家指出,质量基础(National Quality Infrastructure,NQI)是以质量提升为目标的技术支撑体系,主要包括标准、计量、检测检验、认证认可等要素,通过标准的规范性、计量的基准性、检测检验的符合性、认证认可的公允性等,提升产业核心竞争力,发挥工业强基对制造强国的基础性和支撑性作用。产业质量技术基础是围绕产业质量发展需求,建立和执行标准、计量、检测检验、认证认可等所需的质量治理架构的统称,是国家质量之基础在产业领域的应用,其作用在于为产业价值链各方提供标准、计量、检测检验和认证认可服务。

(2)产业基础与产业链的关系

在工业制造业领域,产业链上中游基本由零部件(元器件)企业、原材料企业组成,产业基础主要集中在产业链知识和资本密集的上中游环节，盈利能力在产业中相对较强，对经济发展有引领和促进作用。提升产业基础能力，就是提高对产业链上中游的把控，具备了关键零部件、元器件、原材料的研发与生产能力，便可以在很大程度上实现产业链自主化。从产业全球化分工层面来看，一国产业基础能力整体水平的提升，可以提高其在全球价值链分工的位置，提升产业链水平，实现产业链现代化。相反，如果一国产业基础能力薄弱，其产业链总体水平就不高，会出现关键技术受制于人的情况。产业链现代化建设包含产业基础能力提升、运行模式优化、产业链控制力增强和治理能力提升等方面。其中，后三者侧重于提高管理效率，增强产业基础能力则直接从产品和技术层面对产业链进行重构，是产业稳定最重要、最关键部分。产业链水平和产业基础能力是直接相关的，产业基础能力的高低是影响产业链水平、产业链现代化实现的关键因素。

此外，学界对产业基础能力也有诸多研究视角。从工业基础角度，产业基础能力就是核心基础零部件（元器件）、先进基础工艺、关键基础材料、工业基础软件和产业技术基础等工业基础能力及其影响因素和体系。从产业支撑能力角度，产业基础能力内涵的表述更为抽象和多样化，此时产业基础能力不仅包括工业基础能力，还包括技术创新能力、公共服务能力、基础设施支撑能力等。从全球价值链角度，产业基础能力是指一国或者地区所具有的支撑产业参与和构建全球价值链分工的基础性条件和力量。根据价值链理论，各国企业与全球生产网络是密切联系的，且通常在某一特定环节进行专业化生产，一国在全球价值链中的地位决定着一国在世界经济中的地位。随着全球化的深入，各国在产业价值链中的分工位置基本明确，产业基础能力高的国家或地区在全球产业分工中往往处于价值链高端，能够获得更高的附加值，行业上拥有统治地位，产业链上拥有主导权。

1.3　研究方法与主要内容

1.3.1　研究方法

研究以构建产业基础高级化理论体系为目标，综合运用多学科方法，以"相关理论基础与方法综述—基本概念界定—影响机制探究—理论体系构建—实践应用"的逻辑结构展开，主要使用的研究方法包括案例分析法、系统分析法、定量分析法。

（1）案例分析法

案例分析法又名个案分析法或典型分析法，是对事物进行深入的、周密的研究从而获得整体认识的科学分析方法。研究采取案例分析法，全面收集产业基础、产业基础高级化及相关理论的政策文件、文献著作、企业案例等，系统地整理收集到的资料，依据资料内容进行分类与整合，对产业基础及相关理论的含义、特征、属性、关系等进行逐项研究，综合分析各项结果，以达到对产业基础和产业基础高级化更加深入的理解。通过对相关资料的描述、分析、评估，提高对构建产业基础框架和体系、链式理论、产业基础高级化推进路径等解决方案制定的能力。

研究收集了我国中央政府颁布的产业基础政策，广泛回顾了产业基础相关概念、组成要素等文献，研究工业化与新型工业化、产业分工与现代产业体系、价值链与产业链供应链等产业理论，结合研究现状对产业基础的广义内涵、狭义内涵、典型特征进行界定，提出产业基础高级化的内涵、阶段目标、主要表征。通过收集德国、日本、美国等发达工业国家相关文献资料，研究产业基础高级化的典型经验，为链式理论的提出和构建做准备。

（2）系统分析法

系统分析法是一种结构化的分析方法，通过对系统的详细描述，以更好地理解整体，进而分析和识别系统中的关键要素，提高系统的工作效率和产出成果。研究采用系统分析法，将产业基础作为经济系统的子系统，分析系统现状，整理、定义、解决系统中存在的问题。首先，对于产业基础的定义、相关概念、组成要素等进行界定，识别当前系统存在的问题。其次，分析产业基础子系统对经济系统的影响渠道与影响方式。

同时，根据系统工程思维，提出了以链式备份解决"卡脖子"产品、以链式突破解决短板问题、以链式改造实现高质量发展、以链式政策提供支撑四位一体的产业基础链式理论体系。从理论意义出发，产业基础链式理论体系的构建对于产业基础、产业基础高级化研究具有积极的建设性作用；从实践意义出发，以链式思维推动产业转型发展，以链式行动促进产业融合创新，为产业基础高级化政策导向、保障机制构建提供思路和参考，助力构建现代化产业体系。

（3）定量分析法

定量分析是用数学或统计方法对数据进行解释的过程。本书的研究构建了国际制造强国产业基础指标体系，包括零部件与元器件、基础材料、基础工艺、工业软件、标准和基础检测检验五个二级指标，每个二级指标从产值、贸易、企业等维度构建三级指标，从联合国、世贸组织、工发组织等国际组织以及商业调研机构收集原始数据，并对中国、美国、日本、德国、英国、法国六国的产业基础进行评估。本研究使用主成分分析法计算产业基础评价指标体系的权重，从横向和纵向两个角度展开对产业基础的量化研究，横向上对比从 2015 年到 2020 年这六个国家之间在产业基础上的能力强弱，包括在各分指数上的顺序和差距等，纵向层面则研究各国产业基础指数近几年的变化，通过国家间产业基础变动趋势，研究我国近期产业基础的发展水平。

同时，通过文本分析的方法，研究改革开放以来我国产业基础政策的演变与协同。以"中华人民共和国第六个五年计划"（简称"六五"，下同）为起点，到"十三五"结束，从文本量化的角度提取每个五年计划期间政策的主题，结合当时国民经济发展重点和工业建设主要任务分析产业基础政策。从政策工具理论出发，根据产业基础政策工具的变化，研究政策内容在各历史时期的倾向，分析产业基础政策间的组合与协同。

1.3.2　主要内容

第 1 章为引言。主要介绍研究背景与研究意义，产业基础的研究现状，以及本研究所采用的研究方法和研究的主要内容。

第 2 章是相关理论与方法。包括工业化与新型工业化、产业分工与现代产业体系、价值链与产业链供应链等产业理论，以及主成分分析、深度学习等定量方法。

第 3 章是界定基本概念。研究产业基础的广义内涵、狭义内涵和典型特征，并界定产业基础高级化的内涵、阶段目标、主要衡量维度、标志性特征和产业基础高级化的阶段划分及标准。

第 4 章是各国产业基础高级化的典型经验。以德国、日本、美国为研究对象，总结发展经验。

第 5 章研究产业基础对社会经济的影响机制。分析产业基础对社会经济的影响渠道和影响方式，探讨产业基础对社会、经济、国防、资源的直接影响和间接影响。

第 6 章是链式备份。分析链式备份的基本内涵、主要特征、主要模式，提出实现链式备份的核心策略和推进路径。

第 7 章是链式突破。研究链式突破的基本内涵与特征，分析链式突破实施的主要难点，提出链式突破推进路径，研究"一条龙"实践验证的基本情况、实施方案和实施效果。

第 8 章是链式改造。研究链式改造的基本内涵与特征，总结链式改造的两个主线，提出链式改造的推进路径，列举链式改造典型案例的基本情况、实施任务、实施效果。

第 9 章是链式政策。研究链式政策的基本内涵与特征，进行链式政策主题构建研究，进行政策工具协同分析，提出链式政策推进路径。

第 10 章是产业基础评价体系与评估指数。通过构建产业基础评价体系，研究中、美、日、德、英、法六国的产业基础能力。

本书的研究框架，如图 1-1 所示。

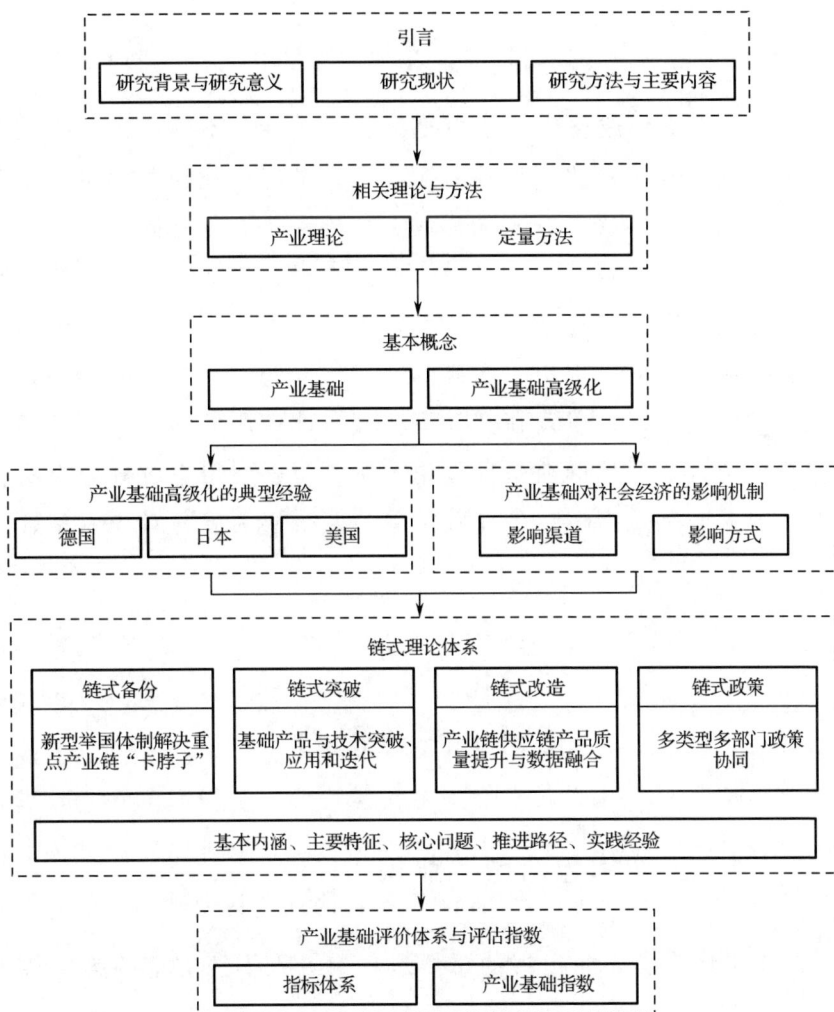

图 1-1　研究框架

第 2 章

相关理论与方法

产业基础的组成要素存在着复杂的非线性、不确定性，是一个复杂的系统，与工业化、产业分工、价值链等产业相关理论关系密切，工厂的出现促进了分工的形成，建立在工业化基础上的产业分工进一步加大了产业链不同环节之间的差异，产业上下游环节锁定的价值层级随着科学技术的进步而扩大，全球化带来的分工体系对产业链供应链协同也提出了更高的要求。同时，为了全面了解我国产业基础发展状况，以及在全球主要经济体中所处的地位，更好地制定符合中国特色的产业基础理论体系，可以运用主成分分析法和深度学习法分别从指标评价和政策评估两个层面展开对产业基础的量化评估。

2.1　产业理论

2.1.1　工业化与新型工业化

工业化是人类文明发展的重要里程碑。人类历史上的第一次工业化发生在 1760 年至 1830 年的英国，以纺织业为出发点的产业变革拉开了"工业革命"的帷幕，瓦特改良蒸汽机的大规模应用，从根本上颠覆了当时社会的生产模式，机械力代替了人力、畜力、自然力，劳动生产率得到极大提高，机械的使用标志着人类正式迈入工业化时代；第二次工业革命发生于 19 世纪六七十年代，西方出现内燃机、电器，以电力的广泛应用为主要特点，人类进入"电气时代"，自然科学研究在此期间得到极大发展；第三次工业革命以信息技术的大规模应用为标志，人类开始进入信息化时代。

发展经济学的奠基人张培刚认为，工业化可以表述为："国民经济中一系列基本的生产函数（或生产要素组合方式）连续发生由低级到高级的突破性变化（或变革）的过程"。该理论主要包括两方面内容，即工业化一方面是由低级到高级的演化，另一方面是社会生产力的突破性转变，手工劳动基本被机器所替代，经济社会原有框架被打破，形成新的发展格局。工业化首先是生产技术和生产力层面的变革，其次是国民经济结构的调整，最终改变人的思想观念，甚至改变社会制度。

德国经济学家霍夫曼是最早对工业化进行阶段划分的经济学家，其根据工业产品的用途进行产业分类，将产品中有 75%以上为消费资料的工业行业归为消费资料工业，将产品中有 75%以上为资本资料的工业行业归为资本资料工业，其余归为其他产业。第一阶段是消费资料工业为主导，第二阶段是资本资料工业迅速发展，但依然处于弱势，第三阶段是资本资料工业快速增长且与消费资料工业规模相当，第四阶段是资本资料工业完全超过消费资料工业，占据主导地位。钱纳里和赛尔奎的工业化阶段理论将工业化进程划分为准工业化、工业化、后工业化三个阶段，其中工业化阶段又被划分为工业化初级、工业化中级、工业化高级三个阶段，划分标准主要包括人均收入、三大产业结构和就业结构、城市化率等。准工业化阶段，城市化水平较低，就业人口集中于第一产业，产业结构以第一产业为主导；工业化阶段，第二产业的产值规模逐渐扩大，成为社会经济主导产业，城市化率逐渐提高，第一产业就业人口持续下降；后工业化阶段，第三产业成为主导产业，城市化率达到较高水平。日本经济学者赤松提出雁行工业化发展理论，其认为非工业化国家的现代工业是按照雁行形态发展的，即"从先进国家进口工业产品""国内生产进口替代""出口"三个阶段。后人在其理论基础上认为工业化发展顺序为"以轻工业为主"到"以重工业和以高度化加工工业为主"，再转到"以知识密集型和技术密集型为主"。郭克莎认为，工业化初期阶段以重工业为主，包括原材料工业、基础工业；工业化中期阶段由重工业化向以加工装配工业为主的高度化加工转变；工业化后期阶段，工业结构向技术集约化阶段转变，以知识密集型、技术密集型产业为主。

不同体制下，工业化可以有不同的发展模式。西方国家的工业化道路主要由民间力量发动、科学技术引领、市场机制推进，走的是先轻纺工业为主导后以重工业为主导、先工业化再信息化、先污染后治理的道路，在实现工业化的同时也带来了失业、污染、生产过剩。传统以重工业超前增长的非均衡发展方式代价是原料、能源、环境的持续性消耗，导致资源浪费、城乡差距拉大、产业结构失衡等问题出现。

党的十六大报告指出，我国要走区别于传统工业化的新型工业化道路，即"要坚持以信息化带动工业化、以工业化促进信息化，走科技含量高、经济效益好、资源消耗低、环境污染小、充分发挥人力资源优势的新型工业化道路。"新型工业化道路不仅要求工业总量增长，在过程中更要求适应国民经济产业结构优化升级、城市化要求和第三产业稳定增长。并且，新型工业化强调了信息化的带动作用，兼顾生态环境保护，协调与人口、资源、环境之间的关系。

林兆木认为新型工业化主要具备四大特征，首先是以信息化带动，以信息化技术与传统产业加快融合，提升传统产业的劳动生产率和服务效率，改进管理经营方式；其次是以科技进步为动力、以提高经济效益和竞争力为中心，与科教兴国战略相结合，依靠科学技术提高综合竞争力；然后是与可持续发展战略相结合，在发展的同时关注环境保护，降低资源消耗；最后是充分发挥我国人力资源优势，处理好工业化对劳动生产率的提高与扩大就业之间的矛盾，实现良性发展。

相对传统工业化而言，新型工业化在经济结构由农业主导转向工业主导的过程中叠加信息化过程，注重经济的可持续发展，重视将工业化规律与本国自然和制度条件有机结合，依靠现代科学技术提升工业质量。要实现新型工业化，必须正确理解新型工业化过程中高新技术对传统产业的渗入、融合和改造作用，提高我国本土产业与国际产业间的互动，改变只以增长为导向的发展理念。只有充分理解新型工业化的内涵，才能在吸收西方工业化经验教训的基础上总结出更适合我国自身的工业化发展道路。

2.1.2　产业分工与现代产业体系

（1）产业分工

亚当·斯密在《国富论》中指出，"劳动生产力上最大的改进，以及运用劳动时所表现的更大的熟练、技巧和判断力，似乎都是劳动分工的结果"。从长期来看，分工与经济增长表现出因果关系。斯密对于分工的相关论述被认为是产业的起源，也是产业经济学研究的重要组成部分。

分工之所以能够增进劳动生产力，其原因有三点：一是提高劳动者的熟练程度；二是减少工种转换的时间成本，积累人力资本；三是利于发明和推广机械，积累物质资本。在同一产品的不同生产流程中，由于分工的形成，劳动者的工作内容被集中在某一个环节，重复的工作使得劳动者的工作能力和工作效率有所提高。专一的工作减少了劳动者在不同生产流程之间转换的时间成本，有利于在更短的时间内生产更多的产品，从而获得更高的劳动生产率。在劳动者工作集中的同时，生产工具也发生了积聚。简单的生产工具在分工后被不断积累、复合，操作环节被简化成为对于某一种生产工具的使用。用发动机代替人力实现对生产工具的使用，形成了机械，进一步大幅度提升了生产效率，在简化和节约劳动的同时，推动了内生技术的进步。

从国内视角分析，王德利（2010）等构建了区域产业分工模型与跨区域产业联动模型，认为跨区域产业联动具有明显的领域空间指向性，中国跨区域产业分工联动层次与经济发展水平具有密切关系，但合作领域多集中于科技含量相对较低的能源、原材料型产业与相关下游产业之间。优化产业分工有助于提高全社会经济活动效率，优化生产要素空间布局。其途径包括，协调各产业分工与协作结构，进行产业组织形态创新，结合现代信息技术创造数字孪生叠加效率；加速非中心城市交通基础设施建设，优化生产要素的空间布局，促进中心城市和非中心城市功能互补，强化产业分工协作；加速区域内市场一体化建设，加强区域间协调发展机制建设，推动产业结构优化升级等。从国际视角分析，我国在全球价值链中具备的竞争力、所处的分工地位决定了在当前数字经济的背景下能否占据科技和贸易的制高地。徐建伟（2022）认为，传统的国际分工合作路径正在打破重组，围绕新要素新生态的发展竞争加剧。尤其是在高新技术产业，研发、设计这类位于价值链上游的高端环节是抢占全球产业链分工格局中地位和话语权的重要领域，赵家章（2022）等认为，应推进高水平对外开放、搭建国际技术交流平台、完善相关产业发展政策，加快在新兴领域的布局发展，争取尽快形成更强的国际产业分工位势。

从宏观的视角出发，不同生产部门对于生产资源使用的分工形成了产业，产业的分工是国民财富增长的基础。由于技术因素的影响，不同产业的分工程度和分工潜力是具有差异的，产业分工的差异导致了产业发展的不同，也由此产生了产业基础。产业基础在产业的整个生产流程中承担着基础保障的角色，产业基础需要为后续产业部门的生产运营提供原材料或零部件，产业基础的成熟程度、自主程度对其他产业的发展水平起到制约和决定作用。

（2）现代产业体系

产业体系由特定的生产生活主体构成，是产业及其关系的总和，具有特定的产业分工，构成了社会生产和产业发展的支撑，合理的产业体系是科学技术升级、社会不断进步、人们生产生活需求的基本保障。为维护产业发展和产业关系的正常运行，既需要参与产业体系内部的主体共同努力，又需要良好的社会环境，包括政策支持和宣传引导。产业体系的变动存在相互作用和连锁反应，内部某一主体或主体的行为发生改变，主体之间的相互关系会发生改变，社会环境也会伴随产业体系的变动而做出适应性改变。

传统产业体系与传统的产业活动相匹配，具有技术变动相对缓慢、内外部环境较为稳定的特点。传统产业体系的市场需求以数量为侧重，产业发展的目的是为社会提供充足的产品或服务，满足最基本的生产生活需要。因此，传统产业体系下企业之间的竞争以数量和资本投入取胜，这决定了生产技术和企业关联关系的稳定。

现代产业体系以高科技含量、高价值、低污染、低能耗的产业群为核心，将创新作为核心发展动力，辅以人才、资本、信息等产业辅助系统，在高新技术开发区、工业园区等产业基地搭建创新发展平台，构建具有创新性、开放性、融合性、生态性、集聚性、可持续性、动态适应性特征的新型产业体系。

现代产业体系作为衡量国家或地区经济发展水平与综合实力的重要标志，在处于不同发展阶段的国家或地区，表现出了不同的特征。一般认为在发达国家的国民经济中，以新技术和新业态作为支撑的现代服务业占有较大的比重，而发展中国家的农业和工业占有较大的比重。然而，伴随着新一轮信息产业的发展和全球制造业向"生产+服务"的转型，现代服务业与先进制造业逐渐融合、互促共进、协同发展。打造先进制造业相关的优秀产业集群，需要现代服务业提供相应的配套服务；先进制造业的发展创造了新的市场需求，为现代服务业提供了更好的成长环境，两业融合是经济发展的必然产物。

姜兴（2022）等提出，在万物互联智联的时代，数字经济广泛覆盖并深刻影响了实体经济和现代金融，是构建协同发展的现代产业体系的重要组成部分。产业体系是全部产业相互关联、彼此衔接的整体，产业体系的现代化主要体现在科技创新和数字化与产业体系的融合。新一轮科技革命带动产业革命，对全球产业体系重塑起到了推动作用。胡西娟（2021）等认为，我国需要抓住数字化、智能化、信息化的机遇，充分发挥数字经济的融合作用，赋能传统产业数字化发展，畅通产业要素协同发展，在变革浪潮中加速构建现代化产业体系。

2.1.3　价值链与产业链供应链

（1）价值链

价值链的概念由哈佛商学院的著名战略学家迈克尔·波特首先提出，单个企业的设计、生产、销售及其辅助过程等所有活动，形成了一个动态的创造价值的过程，这一过程可以用价值链表示。从分工的角度出发讨论波特提出的价值链，其本质是企业内部通过分工降低交易费用、提高制度收益、产生增值的活动。

波特将企业的价值链增值活动分为两部分，一是主要价值行为，指包含在产品和服务的生产过程、运输过程、销售过程和售后服务过程中的各项行为；二是支持性价值行为，指支持主要价值行为，为之提供投入物和基础设施，使主要价值行为可以开展的各项活动，包括人力资源管理、技术研发、采购管理等。单个企业创造的价值主要来源于该企业价值链上的关键环节，发现并优化关键环节对扩大企业整体优势具有战略性影响。根据波特的价值链理论，价值链强调的是企业整体的竞争优势，企业之间的竞争并非某个环节的竞争，而是企业价值链之间的竞争，其中的各个活动环环相扣、相互影响。

随着技术不断进步，全球化趋势逐步显现和发展，波特将价值链的视角从企业内部扩展到不同企业之间的经济交往，提出了价值体系的概念。此后，结合互联网技术和地理空间位置等因素，产生了"虚拟价值链""垂直专业化"等一系列理论。1999年，格里菲提出了全球商品链的概念，指产品的研发、生产、营销等行为组成价值链，全球范围内不同企业在这一链条中开展合作。在全球商品链的基础上，众多学者对价值链的定义进一步探讨和完善，产生了全球价值链理论。联合国工业发展组织将全球价值链定义为：全球价值链指为实现商品或服务价值而连接生产、销售、回收处理等过程的全球性跨企业网络组织，涉及从原料采购和运输，半成品和成品的生产和分销，直至最终消费和回收处理的整个过程。

信息技术发展迅速，学者们围绕数字经济赋予价值链的新内涵进行了广泛的讨论。张艳萍（2022）等认为数字经济从根本上改变了全球价值链中各个环节的价值分配与空间布局，并且数字经济总体上对中国制造业在全球价值链中的广度和地位具有促进作用。阳镇（2022）等提出数字经济对全球价值链造成一定风险，主要体现在数字信息技术的深入赋能效应衍生的全球价值链缩短和回流效应，价值链治理层面、价值链利益分配层面的失衡，以及数字鸿沟加剧世界经济的不平等。齐俊妍（2022）等通过构建国家数字经济发展水平综合指标测度体系与测算行业数字化比率发现，数字经济发展在不同维度上显著提升了全球价值链上游度，技术创新能力与资源配置效率正在成为数字经济驱动全球价值链上游度向高端迈进的重要方法。戴翔（2022）等强调推动分工演进的最核心要素是技术进步，提出数字技术将从根本上重塑产业组织范式、不同要素的相对重要性和国际经贸规则体系，进一步推动全球价值链朝着产业数字化、供应多元化、布局区域化、导向本土化和治理平台化发展。

（2）产业链供应链

供应链由价值链相关概念演变而来，其定义是指围绕核心企业，由物料获取并加工制成中间产品以及最终产品，再通过销售网络将产品送到消费者手中的，由供应商、制造商、分销商直到最终用户共同构成的功能网链结构。供应链包括内部供应链和外部供应链。内部供应链指产品生产和销售过程中在企业内部的供需网络，涉及采购、生产、仓储、销售等部门；提及供应链时，多数情况指的是外部供应链，即在原材料转变为产品，以及销售到达最终客户的过程中，相关核心企业共同建立的一种由信息流、物资流、资金流构成的网状结构。

价值链与供应链均为涵盖产品从生产到销售等全部过程的链式结构，然而两者具有不同的侧重点和研究对象。迟晓英（2000）价值链理论侧重效益，强调实现商品或服务价值增值的过程，价值链管理的主要目标是链条整体增值以获取更大的竞争优势，其链条方向为从客户需求转移到产品设计、生产过程；供应链理论侧重效率，围绕物流、降低成本、提高生产率展开，供应链管理的主要目标是通过运营管理获得更合理的材料转移链路，其链条方向为从产品设计、生产过程转移到客户。

Stevens 认为制造业的作用是通过增加价值和销售产品来创造财富，制造业企业需要通过价值增值和分销渠道来控制物料从供应商到客户的流动，企业间的关联活动涉及从供应商到客户的材料、零件和成品的计划、协调和控制等多个环节。供应链对于制造业企业的生产经营至关重要，供应链中任何一个环节产生变化都直接影响与之存在业务往来的企业，并进一步扩散到更多的上下游企业。在新冠疫情、国际局势等众多不确定因素的叠加影响下，全球供应链重塑大幅加速。新冠疫情后的全球供应链呈现出内向化的发展态势，市场环境对供应链的完整性、灵活性、创新性提出了更高的要求。供应链保卫战已然打响，我国企业如何快速应对突发事件，维护供应链的安全性和稳定性是亟待解决的问题。

产业链是一个中国化的名词，在描述产业之间的链路关系时，国外研究更多使用"价值链"和"供应链"，而很少使用"产业链"的概念。亚当·斯密在《国富论》中论述的分工理论是产业链的起源之一，强调了企业内部不同部门之间的协作配合。马歇尔在《经济学原理》中强调了企业之间分工的重要性，不同企业在地理空间上产生集聚，各自担负不同职能，以产品为媒介形成知识和资源的交互流通，产生规模经济效益。赫希曼在《经济发展战略》中提出了产业关联理论，指在经济活动中，各个产业之间存在广泛的、复杂的、密切的技术经济联系，存在前向和后向的链条式关联关系，侧重于研究产业之间中间投入和中间产出的关系；赫希曼认为，应当选择关联系数高的产业作为区域主导产业重点发展。

　　西方学者较少直接对产业链展开研究，但在很大程度上提出了上下游协作的理念，为产业链的研究奠定了理论基础。中国学者在此之上对产业链进行了更深层次的研究，产业链逐渐发展成为相对中国化的经济学理论。郁义鸿认为，产业链是指产品生产加工过程中，从最初的自然资源到最终产品到达消费者手中所包含的各个环节所构成的生产链条。该理论下，产业链由多个产业共同组成，不同环节之间是相对独立的。龚勤林认为产业链是各产业部门之间在一定的技术经济关联基础上，依据特定的逻辑关系和时空布局关系客观形成的链条式关联关系形态。王云霞等认为产业链是指从事某一产业经济活动的企业之间由于分工角色不同，在上中下游企业之间形成经济、技术关联。刘贵富在产业链结构组成和组织性质研究的基础上，认为产业链是企业以产品为对象、以投入产出为纽带、以价值增值为导向、以满足用户需求为目标，依据特定的逻辑联系和时空布局形成的链式组织。

　　学者对产业链的理论定义与认识角度不尽相同，但对产业链理解的主要理论基础和关键特点之一是"分工"。完整的产业链离不开企业之间的分工与合作，各企业在自己所处的环节实现价值增值，后续环节承接半成品并进一步加工，形成了产业链上下游的区分。由于企业越来越难以独立进行完整的产品与服务供应，具有不同能力的企业需要开展分工协作才能完成从原材料到终端产品的全部流程。从产品角度出发，被商业合作关系组织起来生产某一产品的企业之间构成了产品链，扩展到整个产业层面，某一产业之间具有协作分工的企业构成了产业链。产业链上某一企业运营停滞会影响产品生产，而产业链上节点的变动会对整个链条产生影响，关键节点的中断或缺失会影响产业整体的发展。

　　除"分工"之外，"增值"是产业链的另一特点，产业链上的企业在交易机制的作用下形成密切的联系，各企业凭借自身的价值创造和增值能力实现产业价值的分割，同类型企业对产业环节的占领，最终形成产业节点的差异。处于产业链不同节点的企业也对产业链价值传递发挥着不同的影响，上游企业是产业链的起源，对产业链的发展起引领作用；中游企业是技术创新的追随者，对整个产业链的发展起着促进作用；下游企业则主要承接上游和中游的产品技术进行应用。

产业链是社会生产力与社会分工不断发展的产物，和价值链与供应链相比，产业链的视角更加宏观。国内学者对于产业链的界定尚未达成一致，并且在概念上与价值链和供应链的边界并不清晰，总体上可以从产品的视角、企业关联的视角、产业关联的视角和地理空间的视角四个方面进行总结。结合产业链理论的形成过程以及相关研究，将产业链定义为，在国民经济各个产业部门之间，依据生产资料、信息的流动关系和时空布局关系，客观形成的链状经济技术关联，包含了价值链、企业链、供需链、空间链四个维度。在国际产业格局深度调整的背景下，有效提升我国产业链自主可控性、维护我国产业链的稳定，保持产业链各环节畅通是保障国民经济安全的重要内容。

数字化成为现代化产业链供应链的新特征。在百年未有之大变局下，新一轮科技革命与产业变革加快了全球产业链向数字化、融合化重构。杨丹辉（2022）提出面对复杂的产业链供应链安全形势，我国应立足构建新发展格局，创新驱动强链延长，加紧补齐劣势断链，全面提升产业基础能力，打造现代化产业链供应链，支持中国经济高质量可持续发展。石建勋（2022）等提出了以扩大内需为产业链升级的战略基点，以高水平开放的双循环发展格局推动产业链的升级，加速数字产业化、产业数字化升级等战略着力点。盛朝迅（2022）认为产业政策制定正在成为不可忽视的全球现象，产业链供应链已成为世界各国战略竞争主战场，我国需要更加关注产业链政策，增强产业政策制定的"链式思维"和系统思维，尽快制定更具系统性和更有针对性的产业链政策方案，统筹推进产业基础高级化、产业链安全自主、竞争力提升和现代化升级。

（3）产业链供应链协同

关于产业链供应链协同的内涵，业界专家给出了不同定义。从概念出发理解产业链供应链协同，宋华（2022）等认为产业链反映了不同产业之间的关联程度，即多个产业或多条供应链间存在的紧密关联与协同关系，这种关系既包括上下游的纵向关系，也涉及同类分工、相互补充的横向关系；从受益方的角度出发，朱庆华（2017）认为产业链供应链的某一个环节的改进升级，其受益方可能不限于该环节的企业，而是延伸至链条上下游企业，因此可持续产业链供应链管理需要上下游不同企业、环境、社会、经济协同运作；以现代化产业体系的要求剖析产业链供应链协同，陆岷峰（2022）等认为现代供应链主要以客户需求为出发点，以数据为核心驱动要素，借助信息技术手段和现代化组织方式高效整合上下游企业，协同实现商品的设计、生产、销售、服务等环节，并进行合理优化。综合考量现有定义和我国国情，认为产业链供应链协同是在产业链供应链全链条的各个环节，包括企业内部各部门人事、法务、财务，上下游各企业设计、研发、计划、采购、库存、生产、物流、销售等实现协同运行的过程以及最终产生的结果。产业链供应链全链条各个节点应当具有共同的目标，在此基础上深入合作、信息共享、共担风险、共创价值、共同服务顾客，最终实现互利共赢。产业链供应链协同包括数字化协同、创新协同、绿色协同等维度。

数字化协同是顺应现代化产业发展的重要手段。祝合良（2021）等提出企业内部各部门以及上下游各企业在信息技术支持下实现关键数据互通互享，以数字科技为支撑，以释放价值为核心，对产业链上下游全要素进行数字化升级和转型，使得产业实现数据的全面感知和实时传输，提高资源配置的效率，加速产业融合和新兴产业的发展。除产业链供应链上下游环节之间的数字化协同之外，与环境的协同也至关重要。徐德安（2022）等认为，大数据资源的整合与利用有助于产业链供应链流程的优化，企业借助大数据分析技术从环境中提炼有效信息，可以在产业链供应链各个环节提供丰富的信息资源和知识存量。

产业链供应链现代化的重要环节是产业链供应链创新，张其仔（2022）等提出需要整体提升产业链供应链上下游协同创新水平，形成创新链并进一步推动产业链供应链上下游深度融合，着力提高龙头企业、专精特新中小企业的创新水平，突破产业链供应链同创新链脱节、创新技术落地难投产难的问题。协同创新不限于共性技术的创新，对于组织管理方法、标准制定、质量管理体系、客户参与等多个维度同样需要上下游企业共建共享、政府部门着力引导。通过采销管理、生产配置、战略方案的有效管理，产业链供应链上下游企业能够有效拓展经营渠道、提高生产效率、降低运营成本，促进企业效益，在实现企业可持续发展的同时，推动整条产业链供应链的价值共创。

随着"碳达峰、碳中和"目标的逐步实现，很多企业围绕低碳生产进行了技术改造，对原有的供应链布局和结构产生了一定的影响，绿色低碳成了当前产业链供应链发展的新要求。产业链供应链作为一个整体，任何一个环节的变动将会影响整个链条，以系统的视角考虑问题，遵循绿色低碳生产要求的同时达到节约成本、提升效率、优化质量的成果，最终提升产业链供应链整体的效益。陆岷峰（2022）等提出加强产业链供应链绿色协同可从绿色物流、绿色产品工艺设计、绿色营销等角度入手，与此同时大力发展共性服务工作，政府主导加快构建以绿色工厂为核心支撑单元的绿色制造体系，推动国家、省、市各地的绿色工厂布局。

2.2 定量方法

2.2.1 主成分分析

在经济研究中，往往会涉及多变量问题，变量数量过多会导致计算难度增加，同时由于变量所提供信息的重要性不同，为问题解释带来了更多复杂性，变量之间的重叠也会导致变量之间存在相关性。因此降低研究问题中的变量维度，在尽量保证数据信息完整性的同时提取出主要特征，是解决上述问题的前置基础。主成分分析是一种将多个指标转化为几个综合指标的降维方法，转化后的综合指标成为主成分，各主成分是原始变量的线性组合，主成分之间无相关性。计算步骤如下：

（1）数据标准化，将多指标多对象选择问题构造成矩阵形式，如 $\boldsymbol{y}$，其中 i 代表对象的数量，j 代表指标的数量：

$$\boldsymbol{y} = \begin{bmatrix} y_{11} & y_{12} & \cdots & y_{1j} \\ y_{21} & y_{22} & \cdots & y_{2j} \\ \vdots & \vdots & \ddots & \vdots \\ y_{i1} & y_{i2} & \cdots & y_{ij} \end{bmatrix}$$

其次采用如下方法将上述矩阵标准化：

$$x_{ij} = \frac{y_{ij} - \overline{y}_j}{y_{std}}$$

其中 $\overline{y}_j = \dfrac{1}{n}\sum\limits_{i=1}^{n} y_{ij}$，$y_{std} = \sqrt{\dfrac{1}{n-1}\sum\limits_{i=1}^{n}(y_{ij} - \overline{y}_j)}$，$x_{ij}$ 是标准化后的结果，并得到标准化矩阵 $\boldsymbol{x}$：

$$\boldsymbol{x} = \begin{bmatrix} x_{11} & x_{12} & \cdots & x_{1j} \\ x_{21} & x_{22} & \cdots & x_{2j} \\ \vdots & \vdots & \ddots & \vdots \\ x_{i1} & x_{i2} & \cdots & x_{ij} \end{bmatrix} = \begin{bmatrix} x_1 & x_2 & \cdots & x_i \end{bmatrix}$$

（2）计算标准矩阵 $\boldsymbol{x}$ 的协方差矩阵：

$$\boldsymbol{cov} = \frac{1}{i-1}\boldsymbol{x}^t\boldsymbol{x} = \begin{bmatrix} r_{11} & r_{12} & \cdots & r_{1j} \\ r_{21} & r_{22} & \cdots & r_{2j} \\ \vdots & \vdots & \ddots & \vdots \\ r_{j1} & r_{j2} & \cdots & r_{jj} \end{bmatrix} = \begin{bmatrix} r_1 & r_2 & \cdots & r_j \end{bmatrix}$$

（3）计算协方差矩阵的特征值和特征向量如下，其中特征值按照大小进行排序。

特征值：$\lambda_1 \geq \lambda_2 \geq \lambda_3 \cdots\cdots \lambda_j \geq 0$

特征向量：$\boldsymbol{\gamma}_1 = \begin{bmatrix} \gamma_{11} \\ \gamma_{21} \\ \vdots \\ \gamma_{n1} \end{bmatrix}$，$\boldsymbol{\gamma}_2 = \begin{bmatrix} \gamma_{12} \\ \gamma_{22} \\ \vdots \\ \gamma_{n2} \end{bmatrix}$，$\cdots$，$\boldsymbol{\gamma}_j = \begin{bmatrix} \gamma_{1j} \\ \gamma_{2j} \\ \vdots \\ \gamma_{nj} \end{bmatrix}$

记作：$\gamma_i = (\gamma_{n1}, \gamma_{n2}, \cdots, \gamma_{nj})$, $(n = 1, 2, 3, \cdots, j)$

以特征向量分量值为权数，将标准化的指标进行加权得到第 i 个主成分：

$$Y_i = \gamma_{n1} + \gamma_{n2} + \cdots + \gamma_{nj} \quad (n = 1, 2, 3, \cdots, j)$$

（4）计算主成分贡献率和累计贡献率。

矩阵 $\boldsymbol{cov}$ 的特征根对应主成分的方差，其大小反映了第 i 个主成分所包含的原始数据全部信息的比重，也反映了各主成分贡献的大小。

定义第 i 个主成分的方差贡献率为：

$$g_i = \frac{\lambda_i}{\sum_{z=1}^{j} \lambda_z}$$

累计方差贡献率为：

$$G_i = \sum g_i$$

（5）构造主成分，一般取累计贡献率超过 80% 的特征值所对应的若干主成分进行分析。

主成分分析在我国产业发展综合评价方面拥有成熟的研究先例。李广析等从经济发展状况、劳动力投入、环境因素三个方面建立了我国地区产业结构调整综合评价体系，选取了沿海发达地区、中部内陆、西部地区的 15 个省会城市 2005—2010 年的数据，并使用主成分分析法分析了在我国产业结构调整过程中上述地区的经济结构、技术进步、环境污染等方面起到的综合作用。王震勤等从资源投入、成果产出、成果转化、环境支持四个维度构建了区域技术能力评价指标，使用主成分分析法对我国 4 大经济区 31 个省（市）的区域技术能力进行了评测排序，得出我国技术能力呈现东中西层次递减分布形态的基本结论。陈艳萍等从产业发展能力、发展潜力、科技贡献、环保能力四个维度构建了海洋产业综合实力评价标准，使用主成分分析法测度比较了江苏省海洋产业与山东、福建、浙江、上海等其他 10 个沿海省（市）海洋产业的综合实力差距，挖掘江苏省海洋产业的薄弱点。孔凡斌等以产业规模、结构、效率、创新、生态五大要素为标准建立竞争力指标体系，采用主成分分析法对 2010—2014 年长江经济带沿江地区的 9 省 2 市进行产业竞争力评价。

2.2.2　深度学习

深度学习神经网络模仿了生物神经信号传递结构，信息在网络中通过神经元连接传递，神经元间具有不同的权重，通过从数据中自动学习获得数据特征。Yann Lacuna 等于 1998 年提出一种用于手写数字识别任务的方法，即卷积神经网络（Convolutional Neural Network，CNN），取得了优异的效果。CNN 是一类包含卷积计算且具有深度结构的前馈神经网络，可以进行监督学习和非监督学习，由一系列卷积层和池化层交替组成，广泛用于图像识别、目标检测、自然语言处理等领域。循环神经网络（Recurrent Neural Network，RNN）最早可以追溯到 1985 年由 J. Hopfield 等提出的 continuous Hopfield network 模型，是一种建立在霍普菲尔德网络基础上的反馈神经网络，主要用于处理序列数据，能够根据先验知识和当前信息共同得到输出结果，这种网络结构受当前状态的影响较深，使得网络对长序列数据处理能力有限，梯度爆炸或梯度消失等问题会导致网络无法收敛，并且由于网络在时间上的循环，当序列非常长时网络可能会忘记之前的状态。长短期记忆神经网络（LSTM）是针对 RNN 长期记忆依赖和反向传播中的梯度消失问题所提出的特殊 RNN。基本结构包含 3 个门：遗忘门、输入门和输出门，LSTM 依靠"门"来实现信息的遗忘或记录功能，解决了 RNN 网络的梯度消失和梯度爆炸问题，可以有效地捕捉序列数据中的长期依赖关系。

与常见的 CNN 和 RNN 网络不同，以 transformer 和 Bert 为代表的基于注意力机制的深度学习方法，不但可以并行运算，同时可以捕获长距离特征依赖，很好地解决了传统神经网络对时序计算的要求，尽可能地减少信息缺失，降低时间和计算成本。Transformer 于 2017 年被提出，用于谷歌机器翻译，包含编码器（Encoder）和解码器（Decoder）两部分，其中编码器将输入序列编码，生成一系列高维特征表示，每个编码器由多头自注意力机制和前馈神经网络组成，解码器则根据编码器的输出生成目标序列的预测。Bert（Bidirectional Encoder Representation from Transformers）是由谷歌 AI 于 2018 年 10 月提出的一种基于深度学习的语言表示模型。BERT 发布时，在 11 种不同的自然语言处理（Natural Language Processing，NLP）测试任务中取得最佳效果，是自然语言处理领域重要的研究成果。

Bert 网络结构中较为重要的组成部分有自注意力机制、MLM（Masked Language Model）、NSP（Next Sentence Prediction）。

其中，自注意力机制用于捕捉上下文信息，学习每个词语在文本序列中的重要性，具体公式如下：

$$\text{Attention}(\boldsymbol{Q}, \boldsymbol{K}, \boldsymbol{V}) = \text{softmax}\left(\frac{\boldsymbol{Q}\boldsymbol{K}^{\text{T}}}{\sqrt{d_k}}\right)\boldsymbol{V}$$

在 Attention 机制中，输入序列的每个位置对应一个特征向量，通过三个不同的线性变换得到 $\boldsymbol{Q}$(Query)、$\boldsymbol{K}$(Key)、$\boldsymbol{V}$(Value)，也就是说 $\boldsymbol{Q}$、$\boldsymbol{K}$、$\boldsymbol{V}$ 都源于输入特征本身，是根据输入的线性变换产生的向量。其中 $\boldsymbol{Q}$(Query)是查询向量，表示当前需要计算注意力的位置的特征向量，$\boldsymbol{K}$(Key)是关键字矩阵，用于表示输入序列中各个位置的特征信息，$\boldsymbol{V}$(Value)是数值矩阵，由输入序列的位置向量经线性变换得到。在注意力机制中，$\boldsymbol{Q}$、$\boldsymbol{K}$、$\boldsymbol{V}$ 三个矩阵被用来计算"注意力分数"（attention score），进而计算出当前位置需要关注的输入序列中的那些位置（见图 2-1）。

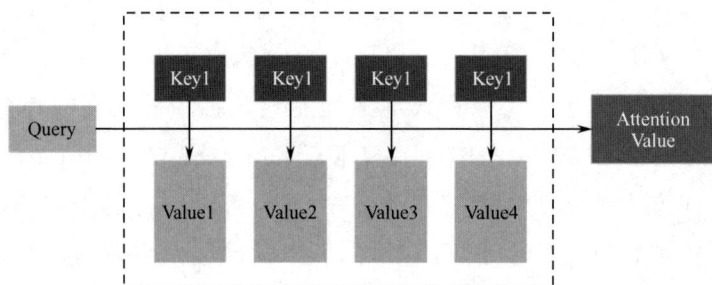

图 2-1　Attention 机制的结构

BERT 的预训练阶段包括两个任务：Masked Language Model

（MLM）和 Next Sentence Prediction（NSP）。其中，MLM 任务要求
模型在输入序列中随机遮盖一些单词，然后预测被遮盖单词的正确
词语；NSP 任务要求模型判断两个句子是否相邻。

　　MLM 通过随机掩盖输入文本中的某些单词，将一些单词替换成
特殊的掩盖标记（[MASK]），然后，BERT 基于上下文来预测这些标
记所代表的单词，从而提高模型的语言理解能力和鲁棒性。MLM 的
好处在于模型需要在理解上下文的基础上进行预测，有助于模型学
习语言的上下文和语义关系。MLM 的训练损失函数为：

$$\mathrm{MLM} = -\sum_{i=1}^{n}\log P(w_i|\{w_1,\cdots,w_i-1,w_i+1,\cdots,w_n\};\varTheta)$$

　　其中，w_i 是输入序列的第 i 个词，n 是序列的长度，$\varTheta$ 是 BERT
的模型参数，$P(w_i|\{w_1,\cdots,w_i-1,w_i+1,\cdots,w_n\};\varTheta)$ 是模型在预测 w_i 时的条件
概率。

　　NSP 任务的目的是使 BERT 模型具有理解句子之间关系的能力。
通过将输入的两个句子拼接起来，中间用[SEP]分隔符隔开，并在输
入序列的开头添加特殊标记[CLS]，并对整个序列进行编码。如一个
句子对（A，B），在句子中插入一个特殊的分隔符[SEP]，形成一个
新的输入序列[CLS] A [SEP] B [SEP]，其中，[CLS]表示序列的开头，
而[SEP]表示句子的分隔符。最后，模型会根据这个编码来预测两个
句子是否连续。

　　模型的预测结果与实际标签之间的差距可以通过计算二元交叉
熵损失函数来衡量。具体地，对于一个句子对，其 NSP 损失函数可
以定义为：

$$\mathrm{NSP} = -[y*\log(p)+(1-y)*\log(1-p)]$$

　　其中，y 是实际标签，p 是模型预测两个句子连续的概率。如果
y 为 1，则第一项的权重为 1，第二项的权重为 0；如果 y 为 0，则第
一项的权重为 0，第二项的权重为 1。

　　Bert 模型的总损失函数包括 MLM 损失和 NSP 损失，它们的加
权被用作模型的训练损失函数，其结构如图 2-2 所示。

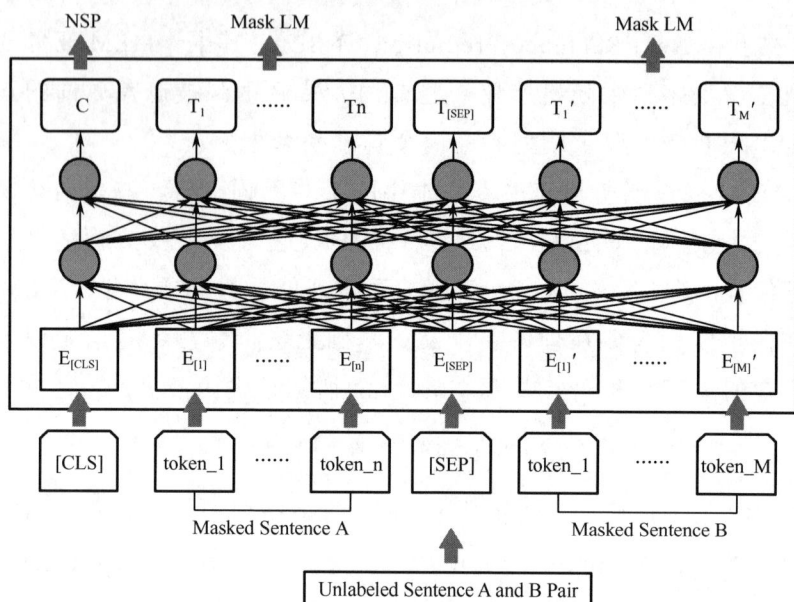

图 2-2 Bert 模型架构

文本分类是自然语言处理的一个分支，得益于预训练模型的优越性能，国内外学者开始在 Bert 预训练模型的基础上开展文本分类研究。林佳瑞等在 BERT 预训练模型基础上，构建了基于长短期记忆-卷积神经网络（LSTM-CNN）的文本分类模型，对灾难推文数据进行了实验分类，得到了近 85%的分类正确率。涂远来等从大型事故案例数据库中收集并构建了事故案例文本数据集，使用事故案例文档数据集对 BERT 预训练模型进行微调，取得了较好的分类效果。安波等从藏文网站采集数据构建了一个较大规模的藏文文本数据集，利用该数据集训练了一个藏文预训练语言模型（BERT-base-Tibet），并与多种神经网络文本分类方法进行对比，发现预训练模型能够显著提升藏文文本分类的效果。沈哲旭等对音乐扩展标记语言的电子乐谱进行解析，提取歌词文本与音乐序列，构建歌词文本数据集和音乐序列数据集，分别利用精简后的大规模预训练模型 BERT 和 MIDIBERT 预训练模型和其他分类模型开展分类，对比基线模型性能有显著提升。Ashwin Karthik Ambala Anan 等使用在 114 万篇论文的随机样本上进行预训练的 Sibert 模型，对科学文章进行多标准分类，探索在基于标准组合进行分类的文章分类下的 BERT 最佳集成。J Priscilla 等构建了由领域专家注释的包含 1470 个口头和书面语句的数据集，利用 BERT 和 Roberta 提出了一种分类习语和字面表达的集成模型，与基线 BERT 和 Roberta 单独模型相比，集成模型精度提高了 2%。Yoshiaki 等在 PatentBERT_japanese 预训练模型的底层增加一个分类层，使用日本脱碳相关专利文献进行训练，以确定专利文件中的技术是否对应于脱碳（碳中和）相关技术。Aggarwal 等提出了一种基于 BERT 预训练模型的真假新闻分类方法，通过使用 NewsFN 数据集对 BERT 进行微调，最终分类准确率达到 97.021%，较其他传统方法有显著提高。

第 3 章

基本概念

　　广义层面，产业基础是所有一二三产业的基础；狭义层面，产业基础是在当前国民经济结构下，以支持第二产业发展为主的工业结构底层要素，具有基础性、零散性、动态性、共生性和交叉性等基本特征。产业基础高级化是我国产业基础建设的最终目标，是国民经济安全的重要保障，也是建设制造强国的必经之路。

3.1　产业基础

3.1.1　广义内涵

　　"产业"是生产力不断发展的产物，由于社会分工而形成，由利益相互联系的、具有不同分工的、涵盖相关行业的业态组成。"基础"的含义是事物发展的根本或起点。依据国家统计局 2003 年发布的《三次产业划分规定》，第一产业包括农、林、牧、渔业，指以利用自然力为主，不必经过深度加工就可生产工业原料或产品的部门；第二产业包括采矿业，制造业，电力、燃气及水的生产和供应业，建筑业，指加工第一产业和第二产业提供的产品或原料的部门；第三产业包括除第一、二产业以外的其他行业，主要指服务业和商业。

结合"产业"和"基础"的概念，产业基础既包括提供基本生产资料的产业部门，又包括为产业的形成和发展提供支撑作用、反映各类产业发展需求的基本要素，是一个国家产业发展的根基。"十四五"时期，以推动高质量发展为主题，以"加强产业基础能力建设""提升产业链供应链现代化水平"为目标任务，我国产业发展进入全新阶段。

在我国推动新型工业化、信息化、城镇化、农业现代化等同步发展的过程中，与之相适应的产业支撑要素总和以及要素之间的关联关系构成产业基础的广义内涵，主要涉及基础产品和技术、基础平台、基础创新体系、新型基础工业设施、基础文化、基础教育和人才、基础政策措施等要素（见图 3-1）。

其中，基础产品和技术是产业基础的核心，决定产业基础发展的质量和上限；基础平台、基础创新体系、新型基础工业设施、基础文化、基础教育和人才、基础政策措施是产业基础的支撑，为产业基础的发展营造良好环境、提供动力源泉；两类要素共同构成良性循环体系，支持产业基础发展。

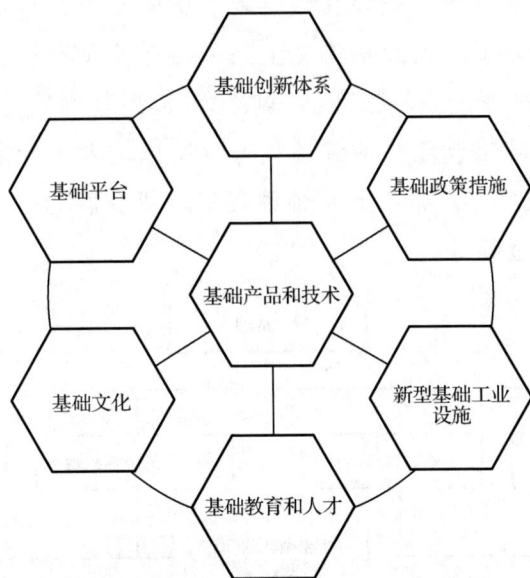

图 3-1 产业基础的广义内涵

3.1.2 狭义内涵

第二产业对国民经济发展具有不可替代的重要意义，是研发创新最活跃、辐射带动力最强的产业部门，是新技术和新模式的重要载体，在国际贸易与投资中起到关键支撑作用。从产业结构对经济增长贡献的角度出发，增大第二产业在国内生产总值中的比重，在扩大经济规模的同时能够降低劳动生产的投入、提升资本生产的效率，避免落入"中等收入陷阱"，推动国民经济健康可持续发展。伴随着技术的不断创新，世界主要工业化国家推行了一系列振兴制造业的举措，全球进入"第三次工业革命导入期"，对我国未来产业链韧性提出了更高的要求。

结合经济和社会的发展现状，我国目前阶段的产业基础主要指第二产业的产业基础，聚焦于工业底层结构要素——基础产品和技术。产业基础能力的提升，重在基础产品和技术的突破，进而带动基础平台、基础创新体系、新型基础工业设施、基础文化、基础教育和人才、基础政策措施等其他要素的协同发展，良性循环形成完整的产业基础体系。因此从狭义上来说，产业基础指其核心内容即工业底层结构要素——基础产品和技术，包括基础零部件和元器件、基础材料、基础工艺和制造装备、工业基础软件、标准和基础检测检验系统（见图 3-2），产业基础是我国工业发展的薄弱环节，是具有前瞻性的关键领域。

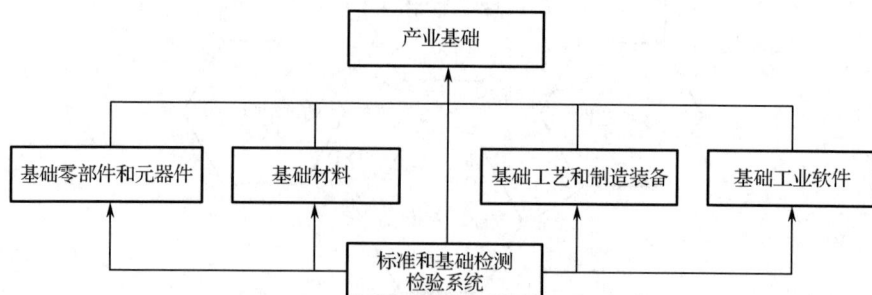

图 3-2 产业基础的狭义内涵

（1）基础零部件和元器件

基础零部件和元器件是组成工业制成品不可拆分或通常不予拆分的基本结构或功能单元，可细分为机械基础零部件、电子元器件、仪器仪表元器件、领域及行业基础零部件。基础零部件和元器件直接决定主机装备的性能、质量、精度、寿命和可靠性，具有很强的产业辐射能力和影响力，其价值一般是自身价格的几十倍，直接影响着我国国民经济发展和国防安全，具有重大的产业影响力和战略地位。目前我国基础零部件和元器件领域自主创新能力欠缺、大量依赖进口，发展滞后、受制于人，是实现我国制造业"由大到强"转变的主要障碍。基础零部件和元器件的自主化是下游整机应用行业安全稳步发展的重要条件，其技术创新是产业创新的先决条件。

根据《国民经济行业分类》（GB/T 4754—2017）的划分标准，结合基础零部件和元器件的定义，经征求专家意见，基础零部件和元器件统计口径应包括"泵、阀门、压缩机及类似机械制造（344），轴承、齿轮和传动部件制造（345），通用零部件制造（348），微特电机及组件制造（3813），电力电子元器件制造（3824），光纤制造（3832），光缆制造（3833），电子器件制造（387）和电子元件及电子专用材料制造（398）"等9项。2020年基础零部件和元器件主营业务收入占产业基础的37.52%。

（2）基础材料

基础材料指工业制成品自身及其生产过程中所使用的支持和关键材料，包括钢铁、有色、石化、建材、轻工、纺织等基础行业的主流材料产品，也包括化工新材料、稀土磁性材料、高端装备用特种合金、功能膜材料、电子信息材料、石墨烯材料等高技术材料。在国家对材料创新的高度重视下，结合产学研界多年的经验积累以及中国超大规模市场的经济效益驱动，我国基础材料获得了多项技术突破，但进口"卡脖子"问题仍未完全解决，制约经济发展和影响国防安全。未来仍需聚焦突破高端材料核心技术瓶颈，发展基础材料智能化制造和绿色化生产，推动材料产业可持续发展。

根据战略性新兴产业分类（2018）中对新材料产业的划分标准，选择了具有优异性能的结构材料和有特殊功能的新材料领域进行深入研究，形成了基础材料的统计口径，主要包含"先进钢铁材料、先进有色金属材料、先进石化和化工新材料、先进无机非金属材料、高性能纤维及制品和复合材料、前沿新材料、新材料相关服务"等7类，如建筑材料包含先进钢铁材料，金属材料包含先进有色金属材料，化工材料包含先进石化化工新材料，无机非金属材料包含先进无机非金属材料，纤维材料包含高性能纤维及制品和复合材料，前沿新材料的部分材料与电子信息材料和新能源材料相符。2020年基础材料的主营业务收入占产业基础的22.65%。

（3）基础工艺和制造装备

基础工艺和制造装备指工业生产过程中对原材料、半成品进行加工或处理的通用性强、量大面广的生产工艺及其制造装备，包括加工制造工艺、成形制造工艺、增材制造工艺，以及技术附着的机器人、数控机床等制造装备。基础工艺和制造装备的发展趋势可归纳为"高技术化、数字化、智能化、极端化、精密化、轻量化、绿色化"，工艺流程和设备的规格、精度等均会影响最终产品的质量、性能，是制造业结构调整和提升产品质量的基础。聚焦高技术产业包括航天航空、轨道交通、能源设备、汽车等产业先进制造工艺的研发创新和国有化规范化，努力提升我国基础工艺水平，缩小与发达国家的差距，是提升我国产业链自主性的重要一环。

根据《国民经济行业分类》（GB/T 4754—2017），在专家意见基础上，聚焦制造装备的分类标准，挑选出了具有一定规模且需要重点发展的制造装备，形成了基础工艺的统计口径，包括"金属工具制造（332），金属加工机械制造（342），工业机器人制造（3491），特殊工业机器人制造（3492），增材制造装备（3493），建筑材料生产专用机械制造（3515），冶金专用设备制造（3516），化工、木材、非金属加工专用设备制造（352），食品、饮料、烟草及饲料生产专用设备制造（353），印刷、制药、日化及日用品生产专用设备制造（354），纺织、服装和皮革加工专用设备制造（355）及电子和电工机械专用设备制造（356）"等 12 项，基本涵盖了常用基础制造装备。2020 年基础工艺及制造装备主营业务收入占产业基础的比例达到31.26%。

（4）工业基础软件

工业基础软件指在工业领域的基础应用软件，可以划分为研发设计类、生产控制类、管理运营类、服务保障类等，支持产品全生命周期和企业生产运营管理过程中的各个场景，是实现智能化、连接人机交互的关键媒介。当今互联网技术融入生产生活，信息安全成为国家总体安全的重要组成部分，工业软件国产化是制造业安全稳定发展的基石。我国应当集中优势人才与资源，努力实现操作系统、数据库、中间件等基础软件和高端软件的自主化国产化，为我国制造业和社会经济发展构建安全屏障。

工业基础软件的划分标准采用工信部运行监测协调局的分类标准，分为"产品研发设计类软件、生产控制类软件及业务管理类软件" 3 类。2020 年工业基础软件主营业务收入占我国产业基础的1.78%。

（5）标准和基础检测检验系统

标准和基础检测检验系统，指工业与技术协同发展所需的关键共性技术基础和质量基础设施，包括执行标准、认证认可、计量、检测检验等核心要素，以证明产品符合政府强制性要求、满足市场需求，对其余四项产业基础的发展起到支撑性的服务作用，对支撑产业转型升级、提高生产效率具有重要推动作用。不断建立健全基础产业领域综合性检测检验技术机构，统一相关行业标准和产品标准制定，质量监测和检测检验贯穿产品研发、生产、销售全过程，能够使国产产品在国际竞争中具有更加可靠的技术保障，进一步推动创新成果的产业化和国际化。

考虑到数据的可获得性，标准和基础检测检验系统主要聚焦于仪器仪表和检测检验服务，"仪器仪表"采用《国民经济行业分类》（GB/T 4754—2017）中"仪器仪表制造业"的划分标准，选取了"通用仪器仪表制造（401）、专用仪器仪表制造（402）及光学仪器制造（404）"3项。"检测检验服务"的统计口径采用国家统计局颁布的《检验检测统计调查制度》，数据来源于国家市场监督管理总局每年发布的检测检验服务业统计结果。2020年标准和基础检测检验系统主营业务收入占我国产业基础的6.79%。

3.1.3 典型特征

（1）基础性

产业基础包含处于工业产品最底层的配套部件、材料及制造工艺，为行业领域提供源源不断的产品供给，是工业大楼的地基和工业稳定发展的前提。工业制造业对产业链的稳定性要求高，任何一个环节受到冲击都会对其产业造成波动，尤其在某一领域遭遇"卡脖子"危机时，解决困难的唯一方法便是自我突破封锁，因此，一个坚实的产业基础对保障工业部门的健康发展、维护国民经济的安全稳定以及提高产业链对外界风险冲击的抵抗力至关重要。

（2）零散性

现如今产业基础以"五基"为主要内涵，涉及的具体行业十分广泛、复杂，从汽车、船舶、农机等传统的机械装备，到航空航天、轨道交通、信息技术、数控机床、新材料、机器人等新兴行业；从零部件、半导体、芯片等实体产品，到CAD、CAE、ERP等虚拟产品；小到紧固件、轴承、存储器、传感器，大到发动机、汽车板、变送器、悬挂系统。产业基础的覆盖范围广、涉及行业多，基本涵盖所有工业门类，同时技术要求高、产品种类杂，产业规模也差异巨大。并且由于产业基础处于工业结构底层，工业门类的复杂程度直接决定其产业分布高度零散。

（3）动态性

产业基础是随着时间与技术的发展而动态变化的，工业能力和工业化阶段不同，产业基础所处阶段也具有差异。各国发展经验表明，不同国家产业基础发展模式和发展路径不同，起步时间也各有先后，制造业发达的国家产业基础能力普遍雄厚。高产业基础能力带来的高附加值工业产品对行业具有领导统治地位，而产业基础薄弱会进一步对工业造成限制。只有顺应时代发展潮流，掌握核心技术，重视创新，摆脱一味地模仿向自主研发转变，才能加快产业基础高级化进程。拥有源源不断的创新活力，是保证产业基础持续不断更新升级的重要方式。

（4）共生性

产业基础与工业是共生的，提高产业基础能力并不意味着减缓或停止发展另一产业，发展产业基础是为了更好地服务工业。同时，产业基础是依附于工业的，决定着各工业部门是否健康运行且结构合理，是产业进步的重要力量。产业基础能力的高低会直接影响工业价值水平，低层次的产业基础势必导致产品位于价值链低端，当产业规模发展到一定程度而受到制约时，产业基础能力将决定着产业部门能否突破现有价值链往高端迈进。产业基础无法脱离工业独立发展，工业也不能离开产业基础的支撑，产业基础与工业的协同发展，是对双方都有利的紧密的相互关系。

（5）交叉性

产业基础交叉嵌入于产业链的诸多环节，基础零部件、元器件和基础材料是产品生产必不可少的基本组成，工艺决定着产品制造水平以及产品层次的高低，工业软件为产品从研发生产到管理运营的整个生命周期保驾护航，标准和基础检测检验系统为产品的质量安全、认可认证、检测检验提供服务。从基础部件到工业成品、从研发设计到流程处理、从质量服务到领域信息，产业基础几乎涵盖了产品从 0 到 1 的每一个环节，覆盖产业链的整个上下游，并与产业链条深度交叉。

3.2　产业基础高级化

3.2.1　内涵

产业基础高级化是指以产业链自主安全为基本，以产业整体向中高端迈进为目标，以关键核心基础产品与技术为核心，建立高效的产业保障制度和上下游协调体系，优化产业结构，提升产品质量效益，实现产业基础整体水平稳步提升、"五基"对产业的支撑能力持续增强、产业发展要素不断完善的阶段性过程。其最终形态体现在两个方面：一是能够支撑现代产业体系的畅通运行；二是能够衍生具有战略性、控制性的新兴产业。

产业基础高级化是产业基础提升的阶段性过程，产业链自主可控、产业水平提升、推动制造强国是产业基础提升的现实要求，更是我国产业基础高级化进程在不同发展阶段下的相应任务。

（1）产业链自主可控

近年来贸易保护主义、逆全球化主义抬头，全球产业链、供应链受到严重冲击，国际形势日益复杂，我国企业不断遭受欧美发达国家的技术封锁和实体制裁，部分领域关键核心环节受制于人，存在着"断链"风险。因此，产业基础高级化的首要任务是解决我国关键核心技术缺失的问题，保障我国产业链的安全稳定，提升产业链自主可控水平，以应对日益严峻的国际风险挑战。

（2）产业水平提升

我国制造业长期处于国际产业价值链底端环节，组装、加工等技术水平不高的低层次行业占大多数，根本原因是我国对产业链核心技术环节的掌控不足，议价能力弱，难以掌握主动权。通过实施产业基础高级化建设，补齐短板、提高优势、挖掘潜力，提升资源流动效率和优化要素配置，把握产业链关键核心产品与技术，增强价值创造能力，提高整体竞争力，实现我国产业价值链层级由低端向高端迈进。

（3）产业基础能够支撑现代产业体系畅通运行

现代产业体系与传统产业体系最大的区别体现在技术先进性与高水平的创新能力。一个创新驱动、协同发展的现代产业体系需要自主可靠的产业基础作为保障。产业基础具备高水平可持续的创新能力，能够推动我国现代产业体系增强供给韧性和高度市场需求适配性，提升整体产业体系的创新水平，保障产业体系畅通运行，为构建新发展格局提供有力支持。

（4）产业基础领域的创新基础产品和技术能够衍生具有战略性、控制性的新兴产业

新兴产业是高新技术与现代产业的深度融合，既代表着科学技术的发展方向，也代表着产业的发展方向。新兴产业以重大技术突破和重大发展需求为基础，具备巨大的、长足的成长潜力，需要兼具创新性、可靠性、可持续发展的产业基础作为支撑，对经济社会高质量发展产生强力引领带动作用。

（5）推动制造强国进程

我国工业门类齐全，制造业规模庞大，然而与美国、日本、德国等世界制造业强国相比，在诸多领域差距较大，其根本原因在于我国产业基础薄弱，关键核心零部件与元器件、基础材料、尖端制造工艺、工业软件等长期依赖进口，产业创新能力薄弱，高层次人才缺乏，基础支撑要素缺乏，难以促进产业持续升级换代。推动产业基础高级化，对于我国补齐产业链短板、巩固制造业发展基础具

有重要意义，是实现制造强国的必经之路。

3.2.2 阶段目标

产业基础高级化是具备时序的过程性概念，在不同的阶段下都有明确的目标导向。根据我国《"十四五"规划和 2035 远景目标》，现阶段我国产业基础高级化总体可以划分为三个阶段目标（见图 3-3）。

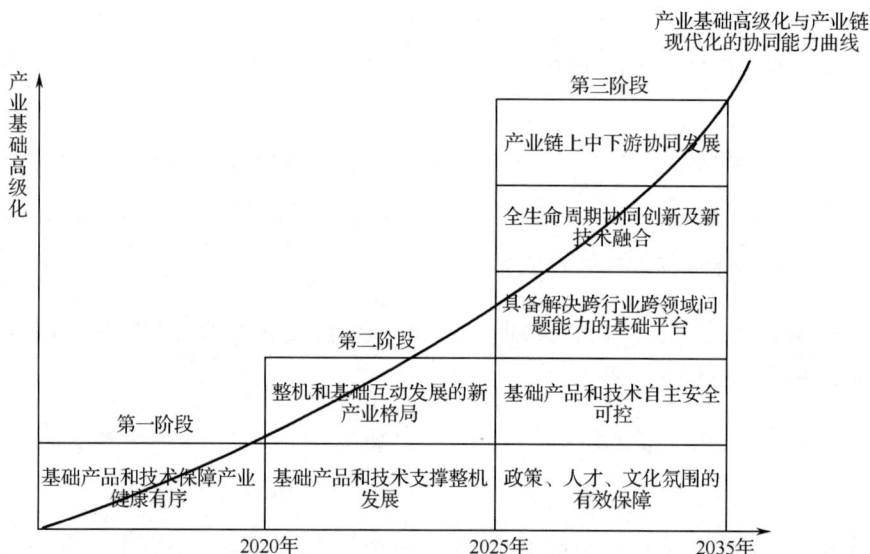

图 3-3　产业基础高级化阶段划分

第一阶段（2014—2020 年）目标，改善核心基础零部件（元器件）、关键基础材料的保障能力，广泛应用先进基础工艺，持续优化工业基础软件，不断增强标准和基础检测检验系统的支撑服务能力，使整机与零部件、材料、系统实现协调发展，产业创新能力加强，为培育新兴产业、提高全球价值链地位奠定基础。

第二阶段目标，到 2025 年，产业基础领域产品逐渐实现国产化，70%的核心基础零部件（元器件）、关键基础材料实现自主保障，产品水平达到国际领先；零部件、材料等基础产品及标准和基础检测检验体系的支撑服务能力，能够基本满足整机和系统层面的需求，实现整机与基础的协调发展。

　　第三阶段目标，到 2035 年，基础产品和技术实现自主可控，产业链韧性和附加值大幅提升，产业基础人才数量充足、结构合理，产业链上中下游协同创新能力增强，社会形成良好的创新氛围，解决跨行业跨领域问题的能力增强，工业互联网等信息基础设施与产业实现融合应用，产业基础与我国经济社会的发展新阶段相适应。

3.2.3　主要衡量维度

　　产业基础高级化可以从产业基础发展规模、产品和技术水平、产业集聚、中小企业、产业链供应链协同性五个维度进行表征（见图 3-4 ）。

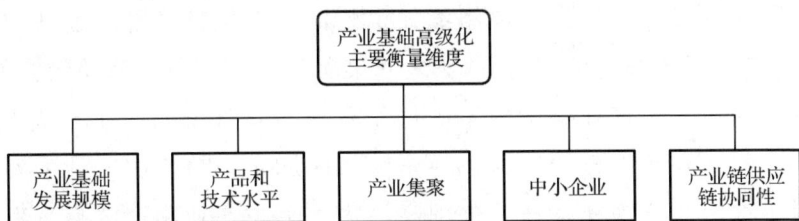

图 3-4　产业基础高级化主要衡量维度

（1）产业基础发展规模

　　规模效应是经济活动集聚的基础。对于企业，随着企业规模扩大，产品生产成本下降，边际效益增加；对于产业整体来说，经济规模的扩大对于产业链的完整性、资源配置效率有所提高，产业实力增强。产业基础产值在规上工业企业总产值的占比高，企业生产经营时进口或从其他区域购买"五基"产品的比例小、成本低、受环境影响小，企业整体抗风险能力增强。因此，产业基础规模可通过"五基"领域产值、增加值，以及在制造业中的占比来衡量。

（2）产品和技术水平

　　产品和技术水平直观反映了产业基础当前实力和发展潜力，这一维度通过产业基础领域优质产品和技术成果的数量、是否实现进口替代、是否填补相关领域空白、是否突破"卡脖子"难题、是否属于国内先进或领先产品等关键要素来衡量。持续创新产生新技术、新产品、新工艺，并形成优势吸引人才和资源，进一步促进技术衍生，使智力资本转化为经济回报，形成良性循环，从而提高产品和技术发展的可持续性。因此，在实地调研产品和技术水平的基础上，可以通过关注技术衍生现象，评价产业基础高级化阶段。

（3）产业集聚

产业集聚对促进经济增长具有正面效应，依托已有产业基础优势，形成在成本、市场、创新、扩张方面具有竞争优势的细分产品或具有相互关联的产业集聚区。在同一区位空间中，新产品、新技术、管理方式、市场信息等组织知识外溢，被集群内部企业获取，并吸引新企业入驻。伴随着企业之间集聚的加深、研究活动的富集、新企业的涌入，产业链得到了优化和完善，同时新的产业类型不断分化；促进经济发展的同时，为全国、区域、全球相关产业的发展提供新技术、新理念。产业基础高级化水平与产业集聚的良好发展正向相关，因此通过实地调研已有产业基础领域的产业集聚区类型、数量、所处地位，可以反映产业基础高级化所处阶段。

（4）中小企业

产业基础领域的产品与技术具有典型的专业性、特色化、精细化特点，大多数产品和技术都通过中小企业研发和制造。当前，包括信息基础设施、融合基础设施、创新基础设施在内的新基建投资进一步加大，在竞争日趋激烈的全球市场中，中小企业成为国民经济和社会发展的重要力量，是拉动经济增长和技术创新的关键引擎。中小企业是产业基础的主要载体，总结专精特新企业的优势和经验，分析中小企业发展的重点和难点，引导企业走上专精特新"冠军"企业的发展道路，是推进产业基础高级化的核心要务之一。关注中小企业的生产经营实力和可持续发展能力，统计专精特新"小巨人"

企业数量及其科技成果，是评价产业基础高级化阶段的有效途径。

（5）产业链供应链协同性

我国制造业具有全球最完整的产业链条，其中仅 60%安全可控，存在严重的"卡脖子"和短板问题。由于产业链供应链具有网络化这一特点，单个节点或链路受到冲击很快会影响其他的节点和链路，进而对整个产业链供应链网络带来风险。着力补齐产业链供应链短板，打造全价值链优势至关重要。牢牢把握处于产业链中上游的核心技术、基础技术，推进产业链上中下游融通发展，才能掌握产业链的主动权。梳理产业链组成，调研产业链供应链上中下游研发、制造、物流等协同水平，可评价产业基础对相关领域的支撑能力。同时，技术突破对产业链供应链可控性的提升不局限于某一地方，而是逐步影响产业链的自主性。

3.2.4　标志性特征

产业基础高级化应具备以下标志性特征。

（1）产业规模效应显著

产业基础形成一定的产业规模，其产值占制造业总产值达到一定比重，在制造业规模发展中发挥着重要作用。

（2）专精特新"冠军"企业众多

拥有一批专注于细分领域、细分市场的专精特新"冠军"企业。实现产业基础高级化需要 1500 个左右的专精特新"冠军"企业，即细分市场占有率全球排名前三或国内第一，研发投入不低于同行业领先公司平均水平，核心专利（发明专利）、软件著作权数量不低于同行业领先公司平均水平。

（3）基础领域集群优势显现

一批从事相似基础产品和技术研发生产或者在具有供应链上中

下游关系的企业形成空间或地理上的集聚，聚集区水平符合国家先进制造业集群要求。在国家先进制造业集群中应有 30%的集群主要从事产业基础领域。

（4）与产业链供应链高度协同

产业基础是产业链供应链的重要组成部分，也是决定产业链安全可控的关键因素，在产业基础高级化阶段，可以牢牢把握处于产业链中上游的基础产品和核心技术，能够实现产业链供应链畅通运行。

3.2.5　产业基础高级化的阶段划分及标准

根据产业基础和产业基础高级化内涵及衡量维度、标志特征，产业基础高级化可以划分为"4+1"个阶段（见图 3-5），其中第一阶段至第四阶段为高级化阶段，第五阶段为后高级化阶段。

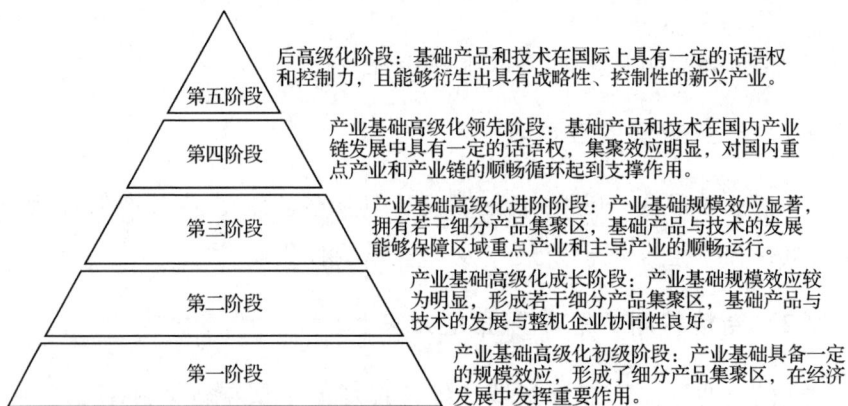

図 3-5　产业基础高级化的"4+1"阶段

（1）第一阶段——初级阶段

在产业基础高级化初级阶段，产业基础具备一定的规模效应，形成了细分产品集聚区，在经济发展中发挥重要作用。产业基础领域产值在制造业规模中占有一定比重；研发和生产的主导产品和技术处于国内先进水平，属于《产业基础创新发展目录》；围绕细分产品的生产企业逐步开始聚集，形成了产业集聚区；产业基础的发展对经济起到了重要的支撑作用，或者能够支撑地方在区域发展中占有一定的地位。

（2）第二阶段——成长阶段

在产业基础高级化成长阶段，产业基础规模效应较为明显，形成若干细分产品集聚区，基础产品与技术的发展与地方整机企业协同性良好。产业基础领域产值在经济中占有一定比重；研发和生产的主导产品和技术处于国内先进水平，属于《产业基础创新发展目录》，若干产品能够解决国家产业基础领域"卡脖子"或短板问题；已经形成了若干个基础领域产品和技术的集聚区；拥有一批从事"五基"产品和技术的专精特新中小企业；基础产品和技术能够保障主导产业链供应链的有效循环，推动主导产业链具备上中下游协同创新能力。

（3）第三阶段——进阶阶段

在产业基础高级化进阶阶段，产业基础规模效应显著，拥有若干细分产品集聚区，基础产品与技术的发展能够为区域或全国重点产业和主导产业的顺畅运行提供支撑保障。产业基础领域产值在经济中占比稳定提升，属于国家需要的重点方向；一批隶属于《产业基础创新发展目录》的基础产品和技术能够解决国家产业基础领域"卡脖子"或短板问题；若干个基础领域产品和技术的集聚区内拥有较为完善的产业技术基础公共服务体系；部分在基础领域深耕的专精特新"小巨人"企业在国际上处于前三名；基础产品和技术能够为区域提供有效的产品和技术供给，推动区域产业链具备上中下游协同创新能力。

（4）第四阶段——领先阶段

在产业基础高级化领先阶段，基础产品和技术在国内产业链发展中具有一定的话语权，集聚效应明显，对区域或国内重点产业和产业链的顺畅循环起到支撑作用。在重点产业发展中有一批从事"五基"产品和技术的专精特新"冠军"企业，代表着该细分产品和细分行业的发展水平，能够引领重点产业技术路线；研发和生产的主要产品和技术处于国内领先水平，主导产品和技术达到国际领先水平，属于《产业基础创新发展目录》，一批产品能够解决国家产业基础领域"卡脖子"或短板问题；已经拥有若干个具有高技术水平和一定规模的基础领域产品和技术的集聚区，部分集聚区属于世界领先；与下游整机企业建立起良好的产业链上中下游协同创新机制，在一定程度上能够决定该产业链的价值分布，保证产业链安全。

（5）第五阶段——后高级化阶段

在后高级化阶段，基础产品和技术在国际上具有一定的话语权和控制力，且能够衍生出具有战略性、控制性的新兴产业，即产业基础高级化的最终形态。在第四阶段基础上，产业基础创新能力大幅提高，能够通过技术成果的工程化和产业化，推动新产品新技术的诞生，并在此基础上产生具有全国影响力的战略性和控制性的新兴产业。

第 4 章

产业基础高级化的典型经验

美国、德国、日本是世界制造业强国，产业基础实力雄厚，基础领域对整机的支撑作用明显。三国的产业各有优势，建设路径不尽相同。德国对产品质量要求严格，拥有成熟的技术转化体系，人才培养机制成熟。日本积极利用产业政策促进产业基础与整机同步发展，重视保障中小企业的利益，形成了中小企业围绕大企业发展的产业格局。美国以国防工业需求为导向，大力投资军用工业基础软件，"政企研"产业协作模式有效，重视产业基础重点领域对美国科技主导权的维持作用。

4.1 德国——严格的工业标准、成熟的技术转化和人才培养"双元制"

德国政府认为，产业基础是机器制造业中最重要、最具有创新活力的关键组成部分，对产业基础稳打稳扎。以机床为例，从 19 世纪开始，德国高度重视机床系统的工艺、结构、零件、基础理论与应用技术的深入研究，在世界上首先建立机床实验室，经过长期不懈的坚持努力和积累，德国机床成为"世界第一"。

4.1.1　工业标准保证基础产品质量

第一次工业革命时期，由于德国起步较晚，曾经采取模仿英国和法国制造等方式，导致本国产品质量差，只能依靠廉价销售打入市场。同时，英国政府发现外国制造商一直在商品上使用英国知名制造公司的标记，并将这些低质商品出口到英国，其中大部分来自德国，而德国政府则实行贸易保护主义政策，通过颁布法案禁止商品进口以建立国内产业。因此，英国国会在 1887 年通过《商品标志法》（Merchandise Marks Act 1887）这一带有某种侮辱性的法案，规定德国产品须标明"德国制造"，以此进行区分两国产品，将德国产品等同于"劣质产品"。该法案刺激了德国人，使其开始重视产品质量，直到一战前，德国制造业水平有了很大提升。

第一次世界大战德国战败，其经济遭受重创。20 世纪 20 年代后半期，在英美等国的援助下，德国进行了大规模的技术更新和产业改组运动，即"产业合理化运动"。该运动主要包括技术合理化、管理合理化，加强产业集中和垄断性企业联盟，完善基础设施，通过新技术和新管理模式谋求对劳动力与原料的最少消耗，完成以制造业为主的德国产业快速恢复。德国企业开始大量引进国外先进技术，更新机器设备，建立新工厂，同时引进美国的先进管理经验，采用流水线作业和标准化生产，实现向科学管理转变。第二次世界大战后，德国被分割成东德和西德两国。西德（即联邦德国）开始了市场经济制度改革，以"市场经济+国家干预+社会保障"为基本模式，实现了从 1949 年到 1974 年的高速增长，创造了著名的"西德经济奇迹"。第一次石油危机后，西德开始将产业重点往化学工业和电气工业技术革新，并不断带动其他领域发展，经济结构向创新型经济转型，通过稳定的制造业发展避免了经济空心化。1990 年，东德、西德合并后，德国的整体实力更加强劲。

进入 21 世纪以后，为保持自身工业和技术的领先地位，抢占国际标准的话语权，德国政府将标准视为其产业战略的重要支撑环节，加快了标准化战略的研究与推进。2003 年，德国标准化学会（德文名称：Deutsches Institut für Normung，DIN）牵头组织并开展了面向未来的德国标准化战略目标研究，并于 2005 年确立了德国标准化的 5 个目标，即①以标准化确保德国工业领先国家的地位；②标准化作为支撑经济和社会取得成功的战略工具；③标准化成为政府放松管制的手段；④以标准化及标准机构促进技术融合；⑤为标准机构提供有效程序和工具。2010 年 7 月，德国政府通过《思路·创新·增长——德国高技术战略 2020》，其中的"战略重点二"指出：标准为中小型企业创造了相同的准入条件，标准化及早接入能够帮助研究成果更快地转化成畅销产品与服务，使创新成果尽快进入市场，因而在德国逐渐成为整个研究和创新过程中必不可少的组成部分。积极参与标准化行动能使得德国经济获得国际竞争优势，所以在落实德国标准化方案时，通过有针对性的整合，将标准化的潜力充分运用到研究上。2013 年在汉诺威工业博览会中，德国公布"工业 4.0"战略，制定了数字化、基础设施、规章制度、管理系统等八大"优先行动领域"，而"标准化和开放标准的一个参考体系"排在"优先行动领域"首位，将标准化工作的重点放在合作机制和信息交换上。

在德国，政府部门不直接参与制定标准和技术规格，而是起着支持和引导作用。在推行重大发展战略时，政府会向社会提出政府的政策理念，并给出行动计划。在推出标准化战略后，德国众多行业协会便会与企业进行合作，通过行业研讨、问卷调查等形式了解企业意见，并代表企业参与标准制定与修改。同时，德国政府鼓励社会各界积极参与标准制定，任何企业、团体、个人都有权参与标准制定、修改、评估等。这种政府部门高度重视顶层设计，社会各界积极参与建设的生态模式，是德国自身"举国体制"的准确体现。对德国而言，标准不仅仅是产品质量的保证，更是其自身维持制造业国际话语权的必要条件，也奠定了德国工业坚实的产业基础。

4.1.2　成熟的技术转化体系促进产业技术落地

德国是欧洲最大的技术拥有国和出口国，重视制造业科技成果的转化，拥有成熟的技术转化体系。2018 年，德国的研发投入占国内生产总值的比重超过 3%，后期仍在持续增加，该值排在世界各国的前列。科技创新体系分工明确，马普学会、弗劳恩霍夫协会、亥姆霍兹国家研究中心联合会、莱布尼兹协会四个主要科研机构各自有明确的分工和定位，形成了一个完整的国立科研体系。

亥姆霍兹国家研究中心联合会针对能源、地球与环境、健康、关键技术、物质结构、航空航天与交通等六大领域的重大社会与科学挑战开展跨应用基础研究，是与官方关系最密切的德国科研机构。

马普学会针对生物学和医学、物理化学技术、人文科学等纯基础领域开展研究，是德国最大的非大学性质的科研学术组织，以注册协会形式存在。

莱布尼茨科学联合会覆盖工程科学、环境科学、经济科学、社会科学、地球科学和人文科学等诸多学科，重视基础科学研究与应用相结合，是具有多样性和交叉性的研究机构。

弗劳恩霍夫应用研究促进会则主要从事应用研究，研究工作面向健康、安全、通信、能源、环境等领域，研究重点是为工业部门和公共机构等提供技术研究成果和产品设计。作为欧洲最大的应用研究型非营利性科研机构，协会致力于为无研发能力的中小企业提供技术、产品、工艺、设备的开发与优化，提供新工艺或新产品的期间和后期服务、技术评估和可用性服务、实验测试服务、培训服务等。弗劳恩霍夫应用研究促进会主要采取"合同科研"的方式与企业进行合作，通过这种方式，企业可以享受到协会为其定制的解决方案，这种直接面向市场需求的科研服务模式，极大地促进了德国的科研成果转化，为德国中小企业提供了有力帮助。弗劳恩霍夫应用研究促进会在德国产业基础技术和关键共性技术的转化过程中扮演着十分重要的角色，是产业技术从实验室走向市场的桥梁。除此之外，德国还拥有众多为专门从事科研成果转化的技术转化网络，如以包括史太白技术转化有限公司和众多专业技术转化中心及附属机构为主体形成的"史太白技术转化网络"等。在共性技术研发过程中，德国通过国家科技计划进行直接干预，解决共性技术的市场失灵和组织失灵问题。弗劳恩霍夫应用研究促进协会的研发经费中政府投资占 1/3，其余的由政府、企业委托研发项目经费支持。

4.1.3　"双元制"教育体系为德国产业基础提供可靠的技术工人

德国保持产业基础优势的一个不可或缺的关键因素是，始终不渝地坚持以人为本，重视提高从业人员素质，建立以培养逻辑和研发能力为主的高等教育、以发展应用技术为主的高等技术职业教育和以职业技术能力为主的中等技术教育的教育体系。德国成熟的职业教育体系为相关产业供给大量的工人，也为德国产业基础提供了人才保障。

德国前总统赫尔佐格曾说："为保持经济竞争力，德国需要的不是更多博士，而是更多技师。"在德国，技术工人拥有较高的社会地位，工程师在德国整个职业薪酬体系中拥有很强的优势，职业教育培养的产业工人与大学培养出的白领的平均工资相差不大，不少行业的技术工人工资甚至还高于白领阶层。德国社会形成的这种对技术工人十分尊重的社会氛围，使得大量年轻人愿意接受职业教育，这种社会氛围的形成与德国的"双元制"教育模式关系密切。

"双元制"教育模式是指，院校的理论学习与企业的实践培训相结合，在学生的培养过程中，企业和高校是共同主体。在"双元制"的教育体系中，包括职业院校的专业理论知识传授部分和企业的实训场所职业培训，也有专业的手工商会协助开展专业培训，如德国汉诺威手工商会生产力培训中心开展汽车发动机检测培训；在学生体系中，包括了在校的教育者身份和企业的学徒工身份；在师资体系中，既包括了理论教育学的教师，也包括了企业进行实践教学，属于企业雇员性质的教师；在考核体系中，包括院校学习成效评价的资格考试和行业协会组织的企业技能考试；经费方面，职业教育经费由企业和政府两个方面提供。

通过"双元制"体系建设，大量具有理论、实践双重经验的技能技术人才进入企业，"工匠精神"对于基础产品的质量稳定提升发挥了重要作用。

4.2 日本——产业政策的推动和中小企业的支撑

第二次世界大战后，日本的经济发展首先围绕重工业，将大量资源倾注于钢铁、煤炭、电力等基础工业部门，并积极推动对外贸易主导地位的经济发展战略，将产业重点调整为机械与电子工业。在此过程中颁布政策法案支持整机与产业基础同步发展，使得日本在其整机产品具有较强国际竞争力的同时，形成了产业基础同步推进、大批专业化中小企业分布于整机企业周围的产业格局。

4.2.1 产业政策积极推动

第二次世界大战后，日本经济陷入瘫痪，为恢复经济，日本政府采用"倾斜生产方式"重建国家基础产业。"倾斜生产方式"是指，将资源重点划分给煤炭生产，并将产出的煤炭重点支持钢铁生产；然后将钢材用于煤炭部门，进而增加煤炭产量，两个部门互相循环促进生产，恢复基础产业的生产能力并带动电力、农业、运输等其他基础工业部门的恢复与发展。"倾斜生产方式"让日本国民经济得到初步恢复，使其基础工业形成了一定的基础，为日本经济复苏创造了前提条件。

1949 年 9 月，日本公布《经济复兴五年计划》，并确定"贸易立国"的经济发展战略，提出："将来经济规模乃至生活水平的高低，最终取决于本国的出口规模。"贸易立国逐渐确立了日本以机械工业和电子工业为战略性产业的经济发展计划，并颁布了诸多培育特定产业的产业政策。

同时，日本以法律形式确立基础领域的产业政策。1956 年，日本颁布《机械工业振兴临时措施法》，主要扶持汽车零部件、铁路车辆零部件、缝纫机零部件等特定零部件，齿轮、螺丝、轴承、阀门、压铸件等通用基础零部件，以及机床、锻压机械、金属加工工具、电焊机等基础机械。1957 年颁布《电子工业振兴临时措施法》，主要扶持在日本尚未建立制造技术或水平明显较低的电子设备，对日本没有进行生产或生产数量明显较少的电子设备进行特别扶持，以促进增加产量、改善性能、降低成本等。《机械工业振兴临时措施法》和《电子工业振兴临时措施法》的实施期间，日本的机械和电子工业生产有了明显改善，并具备了一定的国际竞争力。

1971 年，日本又颁布了《特定电子工业及特定机械工业振兴临时措施法》，主要用于扶持机电一体化产品。由于全球电子技术的迅速发展，机电一体化成为机械产品的未来趋势。日本政府颁布这一法律，确立机械与电子产业融合发展的目标。在这一阶段，日本的数控机床、机器人等复合型产业得到了较快发展，汽车、家电等产业实现较高水平的技术提升，从此日本制造业进入高附加值阶段。

1978 年《特定机械信息产业振兴临时措施法》以电子技术和计算机软件等新兴产业为主要扶持对象。在汽车、家电产品已经具备较强的国际竞争力的基础上，日本政府进一步推动集成电路、通信设备、高性能计算机研发与制造等电子信息产业发展，巩固以半导体为核心的日本信息产业的高技术发展。

产业政策在日本的产业基础建设中具有重要意义。三十年间四个振兴法案促进了对日本零部件和元器件领域长期性、高水平的提升，以机械工业和电子工业为主的日本产业得到持续性推动，奠定了日本零部件和元器件领域较强的竞争能力。机械工业成为日本最重要的出口产业，其机电产品的国际市场占有率不断提升，在某些重点领域引领行业发展。日本政府通过颁布产业政策，支持重点产业，根据自身产业发展现状和科学技术发展趋势实施针对性政策，引导企业在正确的方向开展经营活动，并为企业提供财税等各方面扶持措施。此后，日本不再颁布专门性法案，而是通过颁布综合性法规继续推动其产业基础的进步和高水平提升。

4.2.2　高度专业化中小企业的支撑作用

日本十分重视中小企业在工业发展和国民经济中所起的关键性作用。1948 年，日本设立中小企业厅，并于 1963 年颁布《中小企业基本法》，目标是提高中小企业的生产效率和改善其商品交易条件，鼓励中小企业家独立经营，缩小企业之间的生产能力等各种差距，寻求中小企业的成长和发展，并提高中小企业工人的经济社会地位。

日本政府为使中小企业具有适当的规模，引导中小企业的顺利合并或共同投资，采取了一系列措施，包括引进现代化设备以谋求中小企业设备的现代化，通过引进现代化的经营管理方法和提高经营管理人员的能力以谋求中小企业经营管理的现代化，谋求中小企业的企业规模最佳化，事业协作化，工厂、店铺的集团化以及事业转变和零售业中经营方式的现代化，谋求振兴中小企业产品出口和扩大中小企业的物品和服务的需求等。

随着科学技术发展带来商品体系的多元化，可选择的产品变多，居民消费观变化。与此同时，当时日本所面临的经济形势的变化和自身产业结构发生了重大调整，急需对中小企业法律进行修订，对相关行业的企业资产和从业人员数量标准进行重新认定。新的中小企业基本法将中小企业定位为日本经济的基础，也是日本克服经济风险、创造就业机会、创造新兴产业的主体，政策理念也由过去的扩大企业规模、提高企业生产率转变为中小企业的多元化发展。经过持续的政策支持和长期发展，日本目前已经拥有超过 3 万家经营超过百年的中小企业。

根据日本《中小企业白皮书》（2022 年版）统计显示，日本中小企业数量几乎占到所有企业数量的 96%以上。在制造业领域，中小企业数量占比在 2009 年、2012 年、2014 年、2016 年 4 年更是维持在 99.5%的水平（见表 4-1），数量众多且企业专业化程度高，拥有自己的"绝活"，在产业基础领域这些企业发挥着重要的支柱作用。

表 4-1　日本制造业中小企业数量规模

	年份	中小企业数量/个	占比	大企业数量/个	占比	大中小企业总数/个
制造业	2009	446499	99.5%	2036	0.5%	448535
	2012	429468	99.5%	2044	0.5%	431512
	2014	413339	99.5%	1957	0.5%	415296
	2016	380517	99.5%	1961	0.5%	382478

例如，小林研业，位于日本著名的金属加工地——新潟县，是一家员工不足 10 人的作坊式企业，主营金属抛光，曾在四年间为苹果 iPod 提供 250 万个镜面背板（见图 4-1）。

图 4-1　日本小林研业

日本木村制作所（见图 4-2），位于日本京都府长冈京市，领域涉及超精密加工技术、精密加工技术、主轴加工技术，是三菱重工、川崎重工、松下公司、住友理工等大型企业的供应商，2012 年在京都大学创业广场成立纳米加工实验室。

图 4-2　日本木村制作所

日本山田多臂机（Yamada dobby）株式会社（见图 4-3），主营高速精密冲压机开发、制造工艺开发及专用设备的开发制造，能够开发用于先进医疗设备精密零件所需的冲压机，生产世界上最快的4000 SPM 和精度第一的 2 微米以下定点控制压力机。2006 年被日本中小企业厅评为"300 家充满活力的中小企业"，2020 年入选"全球百强顶级利基公司"。

图 4-3　日本山田多臂机株式会社

日本产业基础领域的中小企业具有两大主要特点。一是专业化，体现在企业专注于利基市场，利基市场具有产品线单一、市场规模小、客户需求稳定、技术变革不快等基本特点，中小企业得以避开高度竞争的"红海"，以持续性的积累实现在细分领域的成功。在日本，隐形冠军企业被定义为在全球利基市场具备竞争优势、占有重要地位、有重大贡献的企业。扎根于利基市场，高度差异化和专业化，成为全球利基市场具备竞争优势、占据重要地位、有重大贡献的企业，是日本中小企业实现全球竞争的重要路径。二是协作化，大中小企业的协作化是日本中小企业高度专业化导致的必然结果，根据《日本全球利基 100 强报告（2020 版）》，日本的全球隐形冠军企业绝大部分是 B2B 业务，中小企业通常作为大企业的供应商，依靠大企业获得占领全球市场的机会，大企业则依靠中小企业获得可靠的零部件产品，中小企业的支撑能力是这种双向合作关系的基础，大中小企业之间以整机产品为牵引、以零部件产品为媒介形成稳定的、连续的、共生的协作模式。以汽车产业为例，日本整车企业与其零部件供应商呈现金字塔结构，分为整车企业和一级、二级、三级供应商，层层转包、多层交互，同时，企业之间存在交叉持股机制，以维持长期的协作关系。

4.2.3 "下包制"的大中小企业合作形式

"下包制"是一种大企业与中小企业部门之间在研发设计、原料供应、加工装配、生产销售等环节进行专业化分工与合作的组织方式。大企业通过将订单分包给中小企业，将其纳入自身生产体系，中小企业在成为大企业的分包商后，则会根据大企业的订单需求为其提供零部件产品。下包企业具有多个层次，一级下包企业与头部企业直接建立交易关系，二级三级分包企业则分别与其上级分包商进行合作，形成头部企业为主导的"山脉型"分布结构。

"下包制"诞生于 20 世纪 50 年代，最早出现在纺织工业领域，后逐渐在机械电子工业、汽车工业等领域普及，成为日本企业制度的典型特征之一。"下包"在日文中一般称之为"下请"，区别于一般意义上的订单分包，一定程度上还包含大企业与中小企业间的隶属关系，主要具有以下特点：一是合作关系稳定，一旦双方之间形成合作关系便会受到法律保护，在下包企业产品质量不出现违反合约规定的情况下，大企业一般无法轻易更换分包商，供应商之间不存在为获得同一零部件的生产权而互相竞价的过程，承包商的供应商更换成本和下包企业的订单丢失风险均减少。二是大企业与中小企业之间存在股权或非股权关联关系，核心企业集团通过参股形成对下级供应商企业的管理控制，或通过正式契约与之建立具有较高封闭性的交易协作关系。三是企业之间存在资产专用性，大企业与下包企业之间在生产、管理、运作层面的联系变得更加紧密，承包商与下包商形成协约关系后，下包企业将自有物资资产、人力资产等用于与承包企业的项目，双方品牌形成联合关系，技术资产、财务资产等将被重新配置于与承包企业的合作。

作为日本经济"双重结构"下的产物，"下包制"基本贯穿了日本从 1945 年至今的整个时期。早在 1956 年 6 月，日本政府便颁布了《防止延迟支付分包费法》（《分包法》），目的在于保障分包交易的公平性和对分包商利益的保护，经过多次修订并一直沿用至今。其中"分包"是指大公司将部分工作外包给规模较小的企业或个人，订购者通常称为"承包商"，承担工作的企业被称为"分包商"，双方之间的关系与母公司和子公司的关系类似，但分包商通常处于弱势地位。《分包法》是一部补充的反垄断法律，旨在规范母公司对分包商的不公平行为，保护小企业的利益。到目前为止，该法律共规定了包括禁止母公司不接受预先订购的物品、减少双方事先确定的金额、退回订购的商品、让分包商提供资金或劳动力、设定低于市场价值的不合理分包价格、强制分包商购买使用母公司指定的商品和服务等 11 项禁止行为。

关于"下包制"的争论主要围绕两个方面展开，反对者认为"下包制"违背了市场经济基本规律，大企业通过控制中小企业形成垄断资本，大企业集团之间形成了垄断核心，中小企业得以生存的本质是寡头大企业为了获得超额利润，而"下包"则是寡头企业在"不等价交换"基础上与中小企业形成的支配与从属关系，中小企业依然处于被压榨、掠夺的地位。赞成者认为"下包制"是日本企业独特的组织模式，这种长期稳定的合作关系形成了大中小企业之间的快速反应机制，同时中小企业可以依靠大企业提高自身技术能力，降低获得利润的成本，大企业则可以将一些环节分配给专业化的中小企业，降低自身成本，总体上看，"下包制"提高了日本企业的竞争力。

日本在产业基础领域能够出现一大批拥有专业技能和优秀产品的中小企业，很大程度上得益于"下包制"的合理运用。这一不同于直接控股和市场竞争的组织模式，使得中小企业不仅可以专注于自己的领域，也可以减少对市场利润的担忧，在整体层面和个体层面对日本企业的发展产生了深远的影响。

4.3　美国——军工驱动、政企合作与国家战略

美国的产业基础与其国防军事工业的高度领先密不可分，在 20 世纪中后期"美苏冷战"的背景下，美国通过倾注大量科技、财政资源用于研发前沿技术，在航空航天、通信、软件、计算机等诸多重点领域建立了关键技术优势，在很大程度上引领了全球科技的发展进步。美国政府高度关注其在高端领域的主导地位，将部分产业的发展视为其保持全球竞争力的国家战略，并联合科研机构和产业部门，形成了稳定有效的协作模式，使得其产业基础能够具有持续不断的创新活力。

4.3.1　国防和军事需求带动基础领域发展

以工业基础软件为例，美国早期工业软件的发展呈现以下两方面特点：一是军方需求对工业基础软件的发展起到引领作用，以国防、军工、航空航天为主要使用对象的软件开发活动作为结构化技术分析的辅助手段；二是军用软件技术被积极推往民用领域实现产业化并迅速占领市场，经过几十年的发展成为工业基础软件各细分领域巨头。

1966 年，美国政府组织开发结构分析软件 NASTRAN（NASA Structurla Analysis）以满足美国航空航天局（NASA）在阿波罗登月项目中的需求，登月计划完成后 NASTRAN 转为商用。1976 年美国劳伦斯利弗莫尔国家实验室由 J. O. Hallquist 博士主持开发了 LS-DYNA 软件，用于武器弹头的碰撞模拟，后经过十几年的版本更迭和功能扩充，广泛应用于武器结构设计、武器弹道研究、军用材料载荷响应等军用领域以及汽车安全性分析、薄板冲压成型过程模拟、流体与固体耦合等民用领域，发展成为一款军民通用的显示动

力分析软件。1980年，美国空军怀特实验室为解决 X 系列飞行器超重问题，研发 ASTROS 软件，经过几十年的实践和完善，已经成为飞行器设计领域重要的分析工具，被广泛用于飞行器结构气动弹性设计分析。

1995年10月，美国国防部制定《国防部建模与仿真总体规划》（Ministry of Defense Modeling and simulation master plan），希望通过建模仿真软件的设计与开发，允许联合作战司令部对作战计划进行假设分析，评估决策对政治、军事、经济、政策制定等各方面的影响，减少采购过程的时间、资源和风险，并提高采购系统的质量，分析各种潜在场景中不同部队组成的有效性，并与物流、后勤等系统结合，分析作战的可持续性，如图 4-4 所示，该规划包括六个主要目标：①为建模与仿真开发通用技术框架；②及时提供对自然环境的权威描述；③提供系统的权威表述；④提供人类行为的权威表述；⑤建立建模与仿真基础设施，以满足开发人员和最终用户的需求；⑥分享建模与仿真的成果。其中子目标 6-3 支持与其他政府机构、行业和联盟国家的双向技术转让，将该计划与其他政府机构、私营企业和盟国的技术转让成为可能。

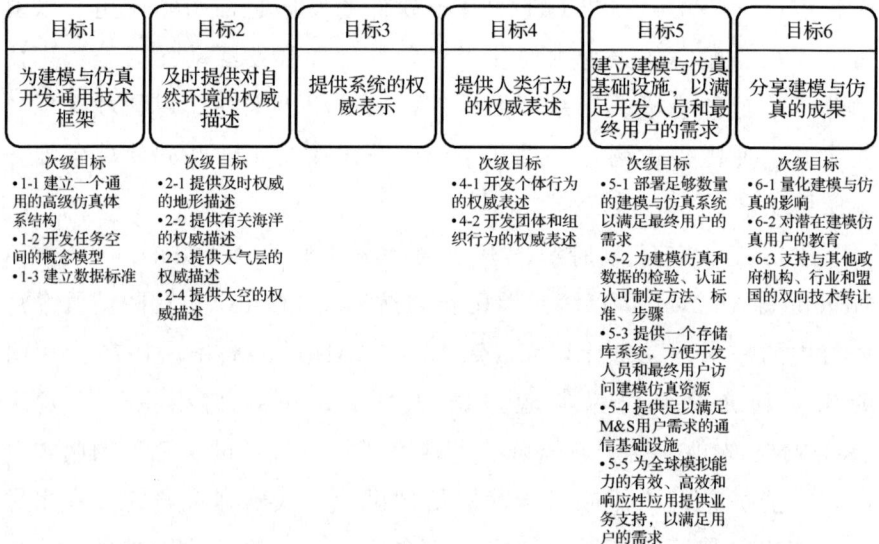

目标1	目标2	目标3	目标4	目标5	目标6
为建模与仿真开发通用技术框架	及时提供对自然环境的权威描述	提供系统的权威表示	提供人类行为的权威表述	建立建模与仿真基础设施，以满足开发人员和最终用户的需求	分享建模与仿真的成果
次级目标 •1-1建立一个通用的高级仿真体系结构 •1-2开发任务空间的概念模型 •1-3建立数据标准	次级目标 •2-1提供及时权威的地形描述 •2-2提供有关海洋的权威描述 •2-3提供大气层的权威描述 •2-4描述太空的权威描述		次级目标 •4-1开发个体行为的权威表述 •4-2开发团体和组织行为的权威表述	次级目标 •5-1部署足够数量的建模与仿真系统以满足最终用户的需求 •5-2为建模仿真和数据的检验、认证可制定方法、标准、步骤 •5-3提供一个存储库系统，方便开发人员和最终用户访问建模仿真资源 •5-4提供足以满足M&S用户需求的通信基础设施 •5-5为全球模拟能力的有效、高效和响应性应用提供业务支持，以满足用户的需求	次级目标 •6-1量化建模与仿真的影响 •6-2对潜在建模仿真用户的教育 •6-3支持与其他政府机构、行业和盟国的双向技术转让

图 4-4　美《国防部建模与仿真总体规划》六大目标

　　《软件工程通史（1930—2019）》的统计数据显示，1950 年到 1959
年科学与军事应用一直在美国的软件应用中占据主导地位，用于"科
学""国防和军事"领域的软件数量占比分别达到 30.70% 和 26.32%，
"信息技术"类型的应用数量占比为 13.16%，在所有部门中排第三，
这一阶段以汇编和宏汇编语言为基准语言。

　　20 世纪 60 年代，美国的软件应用数量有了较大增长，由 50 年
代的 1140 个增长到 6275 个，各类型应用程序都有较大幅度增加。
从图 4-5 可以看出，"国防和军事"类软件在此期间超越"科学"类
软件成为应用占比最高的软件类型，数量达到 2500 个，占比达到
39.84%；其次是"政府"类软件应用数量达到 1250 个，占比达 19.92%，
"科学"类软件排第三，占比达 15.94%。70 年代，"国防和军事"类
依然是第一大软件应用，占比高达 33.33%；其次是"信息技术"类
占比 18.33%，"科学"类和"系统和中间件"类以 13.33% 的占比并
列第三位。80 年代，软件呈现爆炸式增长，1980 年到 1989 年间，
所统计软件数量达到 300200 个，其中"信息技术"类软件以 90000
个的数量达到第一位，占比达到 30%；其次是"军事和国防"类软
件数量占比 20%，"嵌入式软件"以 13.01% 的比重位列第三。

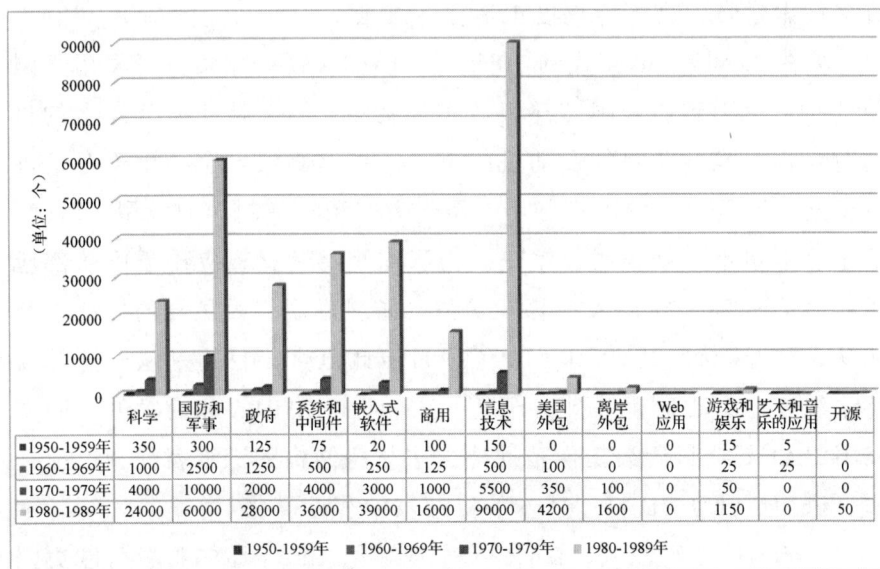

	科学	国防和军事	政府	系统和中间件	嵌入式软件	商用	信息技术	美国外包	离岸外包	Web应用	游戏和娱乐	艺术和音乐的应用	开源
■1950-1959年	350	300	125	75	20	100	150	0	0		15	5	0
■1960-1969年	1000	2500	1250	500	250	125	500	100	0		25	25	0
■1970-1979年	4000	10000	2000	4000	3000	1000	5000	350	100	0	50	0	0
■1980-1989年	24000	60000	28000	36000	39000	16000	90000	4200	1600		1150	0	50

■1950-1959年　■1960-1969年　■1970-1979年　■1980-1989年

图 4-5　1950—1989 年美国各类软件数量

可以看出，以国防和军事需求为导向的软件在很长一段时期里占据美国软件市场的较大份额，而该领域较高的软件专业化和精确化要求是美国工业软件保持领先地位的关键，被国防军工业所孵化的工业软件理论基础不断完善，经过大量的应用验证，随后几十年逐渐走向市场，通过并购重组等措施不断成长为细分领域的巨头，占领全球市场。

不仅仅是工业软件，20 世纪 60 年代美国军方大量采购集成电路用于"民兵"导弹、阿波罗登月计划、E-2 预警机等也对集成电路产业早期的发展起到了重要推动作用。

受到"美苏冷战"的影响，美国对国防领域的投资力度不断加大，在此背景下，"美国国防部高级研究计划局"（Defense Advanced Research Projects Agency，DARPA）诞生。在苏联发射斯普特尼克一号卫星后，艾森豪威尔决定，美国不应再因技术上的突袭而措手不及，于弗吉尼亚州阿灵顿县成立"高等研究计划局"（Advanced Research Projects Agency，ARPA），于 1972 年 3 月改名为"国防部高级研究计划局"。DARPA 的成立主要是为了预测新的技术能力，发现可以为美国国家安全带来突破性技术的基础新概念，其带来的许多技术进步也在一定程度上造福了社会。

早在 20 世纪 60 年代到 70 年代，DARPA 便开始负责开发用于国防的材料，得到美国国防部服务实验室的大力支持，所开发出的材料有：用于高性能喷气发动机的高温、镍基高温合金，用于对抗苏联反装甲武器的陶瓷坦克装甲，用于太空和导弹制导的大型、精确、稳定、低重量和低散射铍镜子。为了缩短将新材料应用于国防部应用程序的时间，DARPA 招募了美国国防科学研究委员会的材料研究团队，"加速材料插入"（AIM）项目由此诞生，目的是从一开始就将系统设计集成到新材料的开发中。并且在 DARPA 和海军的共同支持下，AIM 项目后续工作帮助建立了材料结构的三维表征和模拟技术，进而驱动了 3D 打印技术的快速发展和标准化。

在半导体材料领域，DARPA 发现新型 GaAs 晶体管有可能更快地移动电子，从而可以在电磁波谱中以更高的频率移动，并于 1988

年接过美国国防部长办公室的"微米和毫米波集成电路计划"（MIMIC），MIMIC 计划产生的集成技术使美国国防部可以制造出更高频率和带宽的无线电和雷达系统。除国防领域外，高频 GaAs 晶体管也可用于手机与信号塔之间的通信连接。GaAs 技术成熟后，DARPA 建立了以氮化镓及其合金应用的宽带隙半导体射频计划，最终氮化镓被用于军用雷达，并在商业领域发挥了关键作用。

4.3.2　政企合作的产业发展模式

在重要领域的发展问题上，特别是产业基础的共性技术研究与技术成果转化，美国多采用"政府部门+产业部门"或者"政府部门+科研部门+产业部门"的合作模式进行推进。一般由联邦政府高层提出前瞻性目标，以国防部、商务部、财政部等政府部门为依托，与企业、高校、科研机构等组成战略合作联盟，并制定行动计划。

比如，2011 年 6 月 24 日，美国前总统奥巴马宣布启动"先进制造业伙伴关系"计划，"全球竞争力材料基因组计划"作为其中的重要组成部分。为了实现国家目标，需要政府、学术界和工业界的利益相关者接受并扩大材料创新基础设施的范围。通过政府机构、学术界和工业界之间的多层次合作实现材料研究的快速发展，建立基础设施和协议以促进学术界、政府和行业参与者之间的合作，进而实现更加一体化的关系。

在半导体方向也不乏美国政府主导的战略联盟的身影。1987 年，美国政府组织成立半导体制造技术战略联盟（Semiconductor Manufacturing Technology，SEMATECH）。当时半导体行业已成为美国最大的行业，雇用了近 270 万美国人。SEMATECH 的早期参与者包括 14 个州的 31 所大学，以及包括美国电话电报公司、IBM、英特尔、惠普、NCR 公司、罗克韦尔国际和得克萨斯仪器公司在内的私营成员公司。SEMATECH 被称为"技术催化剂"，其内部形成的"政府—学术界—产业"伙伴关系致力于"制造技术和国内基础设施的根本变革，为美国半导体公司提供成为世界级供应商的能力"。通

过维持半导体生产商、供应商和美国军方之间的联系，SEMATECH
呈现出垂直一体化的产业结构，SEMATECH 也成为美国政府推动半
导体技术研发和产业发展的主要机制。随着美国工业 20 世纪 90 年
代中期的复苏，美国联邦政府停止向该组织提供资金，标志着
SEMATECH 正式以市场需求变化来改变自身经营战略。

4.3.3　将重点领域视为国家战略

从 20 世纪 60 年代开始，美国将劳动密集型和重污染产业向发
展中国家转移，由此开启了"去工业化"策略，而"去工业化"的
实施进一步强化了美国在精密化工、新材料、半导体、航空航天、
信息技术等产业基础高端关键领域的领导位置，保持在核心基础零
部件和元器件、关键基础材料、先进基础工艺的主导优势和垄断优
势，保证了美国自身制造业的领先地位和全球产业链的主导地位。

2011 年 6 月 24 日，美国"先进制造伙伴计划"中要求打造关键
国家安全工业的国内制造能力，初始投资项目包括先进复合材料、
金属制造等基础材料和先进制造工艺，同时包括缩短先进材料研制
与部署时间的"材料基因组计划"，美国国家科学基金会、NASA、
美国国家卫生研究院与美国农业部共 7000 万美元投资用于下一代机
器人研究计划，以及共计 1.2 亿美元的投资用于开发创新性节能制造
工艺流程与材料。

2018 年，美国制定的《先进制造业美国领导力战略》之中，由
国防部、能源部、商务部、国家科学基金会、国家航空和航天局五
个部门牵头，将开发世界领先的材料和制造工艺、保持电子设计和
制造领域的领导地位，列为美国制造业未来战略目标的优先计划事项。

第 5 章

产业基础对社会经济的影响机制

产业基础是社会经济的重要组成部分，贯穿于第二产业的底层架构，进而影响到第一产业与第三产业的运作。将社会经济视为统一大系统，产业基础作为其中的子系统，会对社会和经济产生直接影响和间接影响，通过提高社会生产率和改善社会整体运行模式，促进社会整体思想理念的进步，提高对产业的掌控程度和产业整体附加值水平，形成安全稳定的国防工业体系，提升国防武器装备的现代化水平，构建资源节约型、环境友好型、效率提升型工业体系。

5.1 影响渠道与影响方式

"渠道"本义为水流通道，后来被转义为商业通道，在商业领域它是指产品或服务由供应商流向需求方中的各环节形成的通道，是由企业和个人相互配合完成生产、流通、消费的一整套流通系统，强调系统性和独立性。影响渠道是指介于某一现象或变量和其产生的结果之间的具体参与环节，是系统内部输入输出的中间部分。而影响方式是在参与环节中发生的具体作用，包括变量因素在其所参与的系统中产生的结果和造成这种结果的实际原因。具体到产业基础对社会经济影响的背景下，影响渠道是指产业基础影响社会经济的具体方面，影响方式是指产业基础对这些影响渠道的作用方式。

5.2 产业基础对社会经济的影响渠道

根据系统工程理论，社会经济是一个复杂大系统，包括社会、经济、文化、环境、资源、教育、医疗、科学等诸多领域，涵盖人类社会活动的方方面面，各子系统及其内部元素之间相互影响，有机结合成功能明确、层次分明的独立或相关的统一整体。社会经济的各项组成要素是产业基础影响社会经济的主要渠道，产业基础是产业发展的支撑，现阶段通过为第二产业输入关键的基础零部件、元器件和材料产品，提供先进的设计、制造、加工工艺，优质的工业基础软件和重要的标准、检测检验、认可认证等服务，直接决定我国制造业安全与发展，本书将产业基础定义为社会经济系统的子系统。

产业基础的主要内容为"五基"，社会经济中直接参与"五基"的主体包括企业、科研院所、检测检验机构、知识产权机构、政府等，建设产业基础将对上述主体的行为造成直接影响。每出现一项基础产品的创新或迭代，会增加与之相关的劳动、就业、投资等，基础生产资料出现新的流动，人们会改变现有生产模式以适应新变化，社会活动随之发生相应的转化。同时，技术水平的跃升会提高产品的生产制造门槛，从而让企业拥有更多的议价权，在市场竞争中掌握主动，以获取更高的利润，进而提高产业链价值层级。对产业链供应链上关键环节的掌握可以提高产业链的整体抗冲击能力，在面对可预知或不可预知的市场风险时能够在一定程度上保持正常的运转。

发展关键基础产品和技术会提高我国重大机械设备的自主化率，促进国防领域先进产品和技术的提前验证与应用，打通军用民

用产品的转化通道，构建军用制造业和民用制造业的协同统一发展
格局，进而掌控国防安全主动权，以基础产品和技术推动国防装备
的进步，以先进装备推进国防军事理念的革新，在国防安全领域具
有重要意义。

在社会资源方面，以高端产品替代传统产品，以先进工艺替代
传统工艺，降低资源浪费，优化社会资源的分配，避免在"低端产
业"进行重复性的同质化竞争，通过良性竞争和资源整合淘汰过剩
产能，将产业特点和资源特点有机结合，提高社会资源的利用率。

综上，产业基础对社会经济的影响主要通过社会、经济、国防、
资源四方面展开（见图 5-1），实际影响因素不限于此。

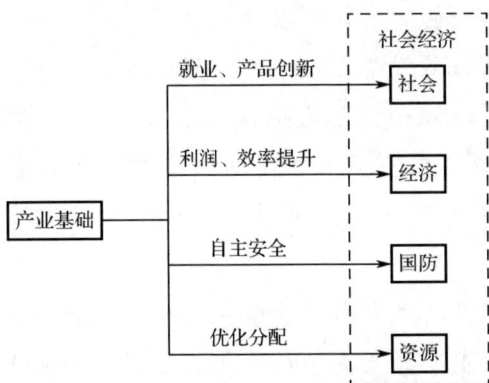

图 5-1　产业基础对社会的影响渠道

5.3　产业基础对社会经济的影响方式

产业基础对社会经济的影响方式包括直接影响和间接影响两
种，直接影响是指产业基础对社会、经济、国防、资源的参与对象
（如人、劳动、产品、企业、装备、体系、矿产、能源等）的直接作
用，通常情况下是无媒介作用。间接影响是指由于直接影响所进一
步引发的对社会经济的后继效应，通常具有中介效应。

5.4　产业基础对社会经济直接影响分析

5.4.1　产业基础对社会的直接影响

　　社会的主体是人，人的劳动构成了社会生产，产业基础将会为社会带来新的劳动资料。劳动资料是劳动过程形成生产力的物质基础，是作用于劳动对象的物质资料总和，如生产工具、机器设备、电力能源、基础设施等。后工业化时代的社会生产愈发依赖于现代化生产工具，以提高劳动效率、降低劳动成本。

　　产业基础可以为社会工人提供更加高效的劳动工具，提高劳动生产率，如高精度数控机床、自动化机器人流水线、虚拟原型设计软件、模拟仿真工具等，可以有效提高生产效率，缩短研发制造周期。

　　产业基础的变化将优化社会就业结构。目前，我国中小企业受限于技术壁垒，主要经营简单组装加工，缺少核心技术，进而导致就业人口低端、效益下滑等问题。传统制造业和新兴制造业人才结构分布不均，传统行业人员供给与岗位需求不匹配，技术型工人缺乏，许多产能过剩行业缩招甚至裁员，总体呈现扁平化结构。

　　培育发展产业基础，主要目的是，引导基础零部件和元器件产品由低端往中高端迈进，由此带来产业层级的跃迁，吸引中高层次人才进入，优化社会就业的结构性矛盾。

　　另外，产业基础可以给人们带来更多更新的工业消费品，满足人们对美好生活日益增长的需要。每一次消费结构的变化必然伴随着经济的高速发展，而消费结构的演进一定程度上带动了我国产业结构的变动。建立在科技发展的基础上，我国社会正经历着又一次的消费升级，交通、医疗、旅游、通信、住宅、娱乐等相关产业的变化最为明显，表面上是服务产业引领消费变革，实质上是越来越多的新型工业消费品支撑着服务产业。以交通运输业和旅游业为例，近几年我国高速铁路网络快速搭建，城市之间的轨道交通速度、频率、舒适性提升，出行短时化和灵活化，进而一定程度上带动了旅游产业的增长，本质上是因为我国对于高铁技术的突破，大量高铁车辆关键零部件的研发创新自主化标准化的独立研制和产业链国产化率先应用，使得大规模的高铁路网铺设在我国得以实现。

5.4.2　产业基础对经济的直接影响

产业基础对经济的直接影响主要体现在产业链和价值链两方面。

首先，产业基础可以提高产品价值水平。产品价值来源于产品从研发设计到生产流通的每个环节，其中，通过消耗技术、知识、资源的设计、加工、生产等环节，为原辅料和中间品带来价值提升。就工业消费品而言，其成本结构主要包含基础部件成本、材料成本、生产加工成本、产品流通费用、运营费用等，产品流通前端的成本基本是由产业基础产品的价值决定，高质量高性能高门槛的产业基础产品能够大大提高整机产品的价值。例如，苹果 iPhone13 Pro 256GB 存储的手机建议零售价为 1099 美元，在不考虑研发、营销、运输等费用情况下，各类零部件和元器件的物料成本达到 570 美元，约占整机价值的 52%（数据来源：Apple iPhone 13 Pro's estimated component cost is $570-GSMArena.com news）。

其次，产业基础能够提高企业的竞争力。企业是社会经济的参与主体，制造企业的利润率因所处行业而差异较大，传统制造企业利润率低，新兴行业的制造企业由于技术含量高，多处于价值链中高端，具有高附加值。以企业为主体发展产业基础，实现产品技术水平的提升和制造工艺的改进，能够实现基础产品和技术与整机的快速迭代应用，改进产品性能，减少非必要环节。一方面，产品技术水平的提升可以使企业在市场上拥有更多的议价权或直接定价权，获得更高的超额利润，另一方面，企业会由于产品技术水平的提升获得更强的竞争能力，提升在产业链中的所处位置，形成持续的创新能力。

并且，产业基础能够提高产业链的抗风险能力，增强实体经济的稳定性。拥有完整的产业链是维护经济安全的基础，产业上中下游之间的协同配套是产业链完整的前提。从生产角度来看，产业链的抗风险能力是产业在面临突发因素时依然能保持产品生产各环节有序推进的能力，产业基础能力提升能够实现产业各环节产品的自主化，以降低外部风险的冲击，提高产业链的韧性。"实体兴则经济兴，实体强则经济强"，产业链价值水平和竞争能力的提升，将进一步增强我国实体经济的整体稳定性，为国民经济的安全稳定和构筑未来发展战略优势形成重要支撑。例如，日本的工业机器人，由于日本能够生产机器人必需的伺服系统、控制系统、减速器，并且牢牢把握了这些关键部件的研发制造而基本不依赖进口，使得日本的工业机器人在全球市场具有极高的占有率。

5.4.3　产业基础对国防的直接影响

产业基础对国防的直接影响体现在国防工业体系和国防工业装备上。其直接影响主要包括以下三个方面。

第一，产业基础将引领国防军事装备技术的迭代与升级。信息化、体系化、协同化作战是未来战争的主要方向，现代化国防对于高精尖武器、精密电子器械等军事装备的需求不断提升，导致对高精密元器件、高强度结构件、高性能复合材料的技术要求、质量要求更高。以第五代战机为例，外层装甲装备需要兼顾轻度、强度、隐身等特点，机身材料及其焊接工艺将直接关系到飞机的隐身性能，并决定武器装备的次代。

第二，产业基础将有助于国防现代化。中华人民共和国成立之初，我国国防工业基础薄弱，国防工业体系基本以引进苏联模式为主，当前，我国国防工业体系基本覆盖航空航天、船舶、陆用战车、兵器火炮、军工电子及其配套，装备现代化方向以军事理念、军事思想、指挥作战体系为主导。产业基础高级化能够实现武器装备的现代化、信息化、智能化，武器装备的进步会改变传统的战场指挥方式，可以促进军事理念的进步，并演化出新的作战体系。例如，近年来军用高精密无人机在军事侦察、战场通信、电子干扰、对空与对地打击等方面的应用，使得以无人机为核心的作战体系快速发展，作为成本低、风险小的军用装备，无人机逐渐由配角成为主角。

第三，产业基础有利于提升国防装备创新能力，实现国防自主化。我国早期军事工业的发展路线为技术引进、消化吸收、二次创新，在一定历史时期内使得国防工业实现了跨越式发展，然而自主创新能力的缺乏使得我国军事装备只能以跟踪研制为主，尤其是产业基础领域创新能力缺失直接制约了大型军事装备的研发，以民用C919 大飞机为例，铝合金材料、起落架、发动机、航电系统仍为国外公司开发。

当前我国军事工业的发展已经极大程度上实现了自给，然而在航空发动机、发动机叶片、大型运输机所需的大推力涡扇发动机、大型潜艇耐压壳等诸多关键零部件领域不够成熟，并且，未来国防科技工业和武器装备自主持续发展的需求会对智能探测识别系统、自主控制软件、无人机飞控系统、机器人军工制造单元轻合金材料等提出更高的需求。

5.4.4　产业基础对资源的直接影响

产业基础发展消耗的最主要资源，包括土地资源、金属矿产资源及电力、石油、天然气等能源。我国土地资源由政府进行配置，大多地方工业用地出让价格大幅低于商业用地，诸多劳动密集型企业和低效率企业在产业用地聚集，直接影响到土地资源的市场化配置，并进一步影响制造业生产经营活动中所需要素的配置，最终影响制造业整体生产能力和增值能力。产业基础能力的提升可以提高土地的单位生产能力，并提高相同状态下土地的价值创造能力。

金属矿产资源包括铁、铬、铜、铝、金、镍、钨、锡、钼、锑、钴、锂、稀土、锆等，我国部分金属矿产资源相对缺乏，如铜、钴、镍等，国内产量远远不能满足自身经济发展的需求，需要依赖进口，这一现状短期内无法改变，因此，通过生产价值更高、作用更大的基础产品，提升单位矿产资源的产出价值、提高稀缺金属资源的使用效率显得尤为重要。

电力、石油、天然气等能源是进行工业生产的必备要素，制造企业需要消耗大量的能源，与发达国家相比，我国制造业能源利用率低，工业污染排放量高，国际垂直分工带来的低端制造业锁定和加工型贸易模式消耗了大量的不可再生资源。通过研发先进基础工艺，并加快推广，可以提高产品的技术水平，实现低碳排放，降低单位产品能源消耗，调整产业内部结构，改变能源消费模式，最终达到降低能源消耗、提高能源利用率等目的。能源对产业发展的重要性不言而喻，当前，世界各国对能源的利用与消耗日益关注，我国作为最大的发展中国家，社会经济的快速发展和经济结构的转型使我国的能源战略安全面临挑战，在节约和合理利用能源的同时，通过新技术、新工艺来提高能源的使用效率是未来产业基础发展的重要方向。

5.5　产业基础对社会经济间接影响分析

5.5.1　产业基础对社会的间接影响

产业基础对社会的间接影响主要体现在两个方面：一是在提升产业基础水平的过程中，对产、学、研三个领域产生凝聚作用，进而提升未来新技术新产品从研发设计到工程化产业化过程的速度和质量；二是导致社会对人才的需求不断更新，对人才培养的宗旨和思路产生影响。

在"五基"中，不论是居于产业链上游的基础零部件和元器件、基础材料，或者决定最终产品质量和性能的基础工艺和制造装备，还是实现仿真、交互、模拟的工业基础软件，以及贯穿产品生产销售全过程的标准和基础检测检验系统，产业基础能力的提升均与生产实践息息相关。脱离生产需求的技术难以落地，脱离技术创新的生产在成本和效率上会逐渐落后，失去竞争力。因此，联结研发与生产的产学研合作模式在产业基础能力提升的过程中，能够有效推动新技术在实用性、可操作性、风险性等方面达到平衡。

在产学研合作模式中，"产"指产业界和各类产业中依托技术创新的现代企业，"学"泛指学术界或高校，"研"指应用型科研院所，合作形式包括企业与高校联合科技攻关和人才培养、共建研究中心和实验室、建立科技园区进行科研成果孵化、设立专项基金等。产学研合作实质上体现了技术创新所需要的各种生产要素的有效交换和组合，有力推动了社会和经济的发展。产业基础各个领域的研发创新以及技术落地的过程，是这些领域产学研合作模式的构建和强化过程，产业基础能力不断升级的过程，也是科研成果与生产实践联结路径日益稳固的过程。政府发挥指导和引导作用，建立产业基础领域需求驱动的顶层设计，加强产学研合作，缩短技术研发周期，增强技术转化成功率，促进创新链和产业链深度融合的同时，为未来更多领域的技术创新铺设道路。

随着产业基础再造工程的实施，产业基础发展、科技产业融合、企业自主创新的社会关注程度越来越高，高校着力培育的、科研机构和企业急需的是兼具创新能力和专业素养的高技术人才。政府引导技术技能人才流向产业基础领域，改善人才培养环境，优化产业基础人才培养结构。完善人才与产业技术的对接机制，在财政、金融、知识产权、土地租赁等方面予以多样化的综合政策支持，同时允许研究人员试错，提供良好的应用验证场景，为产业基础的发展创造源源不断的人才动力，产业基础人才培养不止于某项技术的创新突破和落地投产，更在于创新主体和受益群体产生的互相促进作用，进一步营造良好的社会就业生态环境。

5.5.2　产业基础对经济的间接影响

产业基础对经济的间接影响指产业基础通过媒介对经济发展产生的影响。第一，产业基础牢固是工业稳步高质量发展的前提，而工业在国民经济发展中发挥着重要作用，因此产业基础对经济的间接影响主要体现在其对工业的影响中。产业基础的良好发展为工业发展的韧性和可持续性提供保障，增强对系统性风险的抗压能力，尤其是体现在高技术制造业和高端装备制造业。因此，在提升产业基础水平的同时，将有力地促进经济的可持续发展。

工业对国民经济发挥着的主导作用，表现为工业提供国民经济各部门运作的物质基础，为各部门提供能源、材料、先进的装备和技术，其生产的产品被直接或间接地运用于消费中，制造劳动工具并促进生产力发展水平的提高，是国家积累的主要源泉。产业基础水平提升对于工业发展的积极影响将最终体现在工业发展对国民经济的积极影响中，2021 年，我国高技术制造业工业增加值同比增长18.2%，对规模以上工业增长贡献率28.6%；装备制造业工业增加值同比增长 12.9%，对规模以上工业增长贡献率达到 45%，产业结构进一步优化升级，高技术产业对工业发展带动作用显著，离不开工业强基等一系列提升基础能力的精准施策，是基础产品自主化突破应用的重要经济价值体现。

第二，产业基础的发展对产业竞争格局产生影响，加速了地区产业集聚，对促进区域经济增长具有积极影响。产业集聚区依托地区产业基础优势而形成，大量企业的集聚使得该区域的生产分工和协作更加明晰，极大降低了生产、运输、库存的成本。在同一区位空间中企业所具备的新产品、新技术、管理理念、市场信息等组织知识发生外溢，在产生创新、市场、扩张等方面竞争优势的同时，吸引新企业的入驻。伴随着集聚区内企业之间研究活动的富集，产业链得到完善优化，进一步扩大竞争优势，促进区域经济增长。以浙江省宁波市磁性材料产业集群为例，宁波磁性材料产量占全国的

40%，是我国聚集程度最高并且具有重要国际影响力的磁性材料产业高地。磁性材料属于"五基"中基础材料一环，宁波磁性材料产业集群所依托的稀土资源在高新技术领域发挥着重要作用，成为未来我国与发达国家竞争的"王牌之一"。在政策支持及龙头企业带动的良好生态下，宁波磁性材料产业集群发展至今，产业配套齐全，拥有全国唯一的"稀土材料—磁材器件/永磁电机—高端装备"全产业链，拥有近百家规上磁性材料企业，其中家制造业单项冠军企业 7 家、国家专精特新"小巨人"企业 7 家，在促进区域经济发展的同时，为全国范围内基础材料产业的发展提供新技术、新理念和示范作用。

5.5.3　产业基础对国防的间接影响

国防指国家为了防备和抵抗侵略，为了保卫国家主权、领土完整、安全和发展利益所进行的军事活动，以及和军事相关的政治、经济、外交、科技、教育等方面的活动。全球政治经济形势风云变幻，日益严峻的国际风险对未来我国的产业链韧性提出了更高的要求，产业基础是各国抢占"第三次工业革命"先机的制胜点。因此，产业基础对国防的间接影响主要体现在，通过实现产业基础领域关键核心技术的国有化，掌握主动权以反制威胁国家安全的事件，保持一定的战略威慑。

自 2018 年 3 月中美贸易战打响以来，美国就芯片和半导体领域对中国进行了多轮打压，对华为、中兴、海康威视等公司采取限制措施，禁止其从美国采购科技产品和技术，限制我国高科技公司的业务和发展。这次争端露出我国在集成电路等产业链中上游领域存在的问题，证明了关键核心技术国有化的重要性。在核心工业软件、航空钢材、高压柱塞泵、光刻胶、水下连接器、环氧树脂、医学影像设备元器件等诸多领域，我国仍存在依赖从发达国家进口的多项"卡脖子"技术。在产业基础领域聚集有限资源，集中力量尽快攻克"卡脖子"技术，不仅是企业稳步发展的要求，更是国防安全建设的重中之重。

基础产品和技术的突破，一方面可以引导国防武器装备的现代化，实现军事指挥思想的革新，优化作战指挥体系，以装备进步带动军事理念升级。另一方面，产业基础可以保障我国各种状态下的产业安全，确保产品的稳定供给，同时可以使得我国武器装备的生产不受制于人，进而拥有持续不断且自主可控的武器装备本土供应体系。

5.5.4　产业基础对资源的间接影响

产业基础对资源的间接影响主要表现为，产业基础的发展促进产业集聚的形成，进而对土地资源和社会资源产生影响。产业集聚是高技术产业发展的有效模式，有助于集聚区内的诸多企业发挥规模经济优势、范围经济优势和区域创新效应。产业集聚在特定的地理区域发生，如拥有大量廉价劳动力的地区、原材料集中的地区、市场集中的地区或者交通发达的枢纽节点，这些区位优势都是促进产业集聚形成的关键要素。除土地资源外，包含以上要素的地理区域还应该存在充分的市场需求，能够充分消费产业集聚区内生产的大量产品，以及完善的公共设施建设、充分的政策扶持、高校及科研院所作为人才储备库等社会资源。当区位条件和社会资源都具备一定优势时，产业集聚才可能发生并不断吸引新企业入驻，进一步丰富区域社会资源并扩大优势，形成良性循环。

以先进制造工艺尤其是绿色制造工艺为突破点，发展环境保护型、资源节约型、环节集成型制造工艺，优化制造工艺流程，将可以组合的连续环节进行集成，降低其间的流通、时间以及工艺衔接产生的不良率，使用新材料代替传统材料，用新型加工装备更换传统装备，减少对材料和资源的浪费，以降低生产成本，提高企业的综合效益。如特斯拉的一体压铸工艺，通过将所有零件一次压铸成型，降低了零件数量和焊接流程，制造时间由传统的数小时缩减至几分钟，车间内用于传统焊接流程的环节被取消，产能得到释放。同时由于零件数量减少，来自供应商、物流、采购等方面的成本减少，整车制造成本得以进一步降低。

第 6 章

链式备份

举国体制，是中华人民共和国成立以来我国建设新型工业体系，开展重大工程的不二法宝，也是发达国家重大创新产业化突破的实践经验。与传统举国体制不同，新型举国体制从行政配置资源为主转变为市场配置资源为主，从产品导向转变为商品导向，更加注重激发参与主体的创新活力，更加注重与先进技术紧密联系，更加注重产业发展客观规律，更加注重与全球化的连接。采用新型举国体制实施链式备份，是依靠国家力量开展产业基础领域"卡脖子"攻关的重要实践。

6.1 基本内涵与特征

6.1.1 基本内涵

在产业基础诸多领域面临较高风险的情况下，未来所面对的国际环境和经济形势的不确定性加剧，为加快突破短板，保障经济安全，需要充分发挥我国体制优势，最有效的方法是以新型举国体制集中力量加大产业基础领域的投入。

举国体制是指以国家利益为最高目标，动员和调配全国有关力量，包括精神意志和物质资源，攻克某一项世界尖端领域技术或国家级特别重大项目的工作体系和运行机制。中华人民共和国成立以来，通过举国体制的方式大力推进了我国工业化进程。第一阶段，1949—1978年，通过举国体制建立了较为完备的工业体系和国民经济体系，最突出的成就就是，在"一五"计划期间，我国实施了以"156项工程"为核心的694个大中型建设项目，并在此基础上建立了独立的比较完整的工业体系和国民经济体系。"两弹一星"是第一次将科学实践活动上升到国家层面，以任务带学科，推动了全国科学技术体系的建立。第二阶段是1979年到2005年左右，传统举国体制加强与市场经济的融合，"发挥社会主义制度能够集中力量办大事的优势"是传统举国体制的延续，"亚洲1号"通信卫星、"长征2号"大推力捆绑式火箭发射、长江三峡等均彰显出举国体制的制度优势。第三阶段是2006年以来，逐步探索形成新型举国体制，"坚持社会主义制度，把集中力量办大事的政治优势和发挥市场机制有效配置资源的基础性作用结合起来，为科技事业的繁荣发展提供重要的制度保证"描述了新型举国体制的基本特征，"嫦娥四号"是探索建立新型举国体制的又一生动实践。2019年8月，中央财经委员会第五次会议指出，"要充分发挥集中力量办大事的制度优势和超大规模的市场优势，打好产业基础高级化、产业链现代化的攻坚战"。

新型举国体制是中国特色社会主义市场经济体制的产物，是"世界形势""内部环境""国家制度""科技自身规律"相互作用的结果。在新的战略机遇期下，新型举国体制是以提高国家核心竞争力、保卫国家安全为核心目标，以充分发挥市场在资源配置中的决定性作用为前提条件，以突破国家重大瓶颈短板、推进重大工程项目为主要任务，以促进科技创新-经济价值链良性循环为基本路径，以我国集中力量办大事的制度优势为根本保障，是目标明确、任务具体、路径清晰、市场有序、保障得力的新型体制。

链式备份由政府主导，针对我国"卡脖子"问题实施新型举国体制，针对产业链薄弱环节进行攻关突破，疏通产业链供应链，针对产业链"短板"制定基础产品与技术的备份方案，以及针对可能出现的极端情况而制定的整条产业链的完全备份计划，是新型举国体制在产业基础领域解决"卡脖子"问题的产业链重构。

如图 6-1 所示，链式备份包含产品与技术层面、企业层面和产业层面的备份，产品与技术层面是指对目前无法实现自主化的产业基础产品与技术开展攻关突破行动，建立起保障整机生产最低质量标准的基础产品与技术供应体系。企业层面是对于现有产业链中对进口依赖较为严重的但尚未收到国外制约的薄弱环节制定国内供应商备案计划；产业层面是对于受制约非常严重的产业链建立国内整体解决方案，如我国半导体芯片产业，在面临围追堵截日益加剧的情况下，需要从头建立起本土化的半导体自主产业链。开展链式备份，其重点在于要做好前期的一系列研究与准备工作，同时要承担无法立刻产业化带来的成本投入的持续积累，企业难以依靠自身力量长期维持无法产生商业利益但需要持续投入的活动，因而开展链式备份需要依靠国家和政府的力量承担前期的研发投入。

图 6-1　链式备份涵盖的层面

采用新型举国体制是解决产业基础领域"卡脖子"问题，实施链式备份的重要基础。

（1）以提高国家核心竞争力、保卫国家安全为核心目标

新型举国体制实施链式备份的目的是实现产业基础高级化和重大装备工程突破目标。国内外一系列经验做法充分表明，其动机是为应对国际竞争压力，提高国家核心竞争力，巩固国家安全。

（2）以充分发挥市场在资源配置中的决定性作用为前提条件

在市场经济体制下，产品和服务通过市场价格机制实现资源的流动和配置，国家通过投入基础设施和研究、项目公开招标、政府购买产品和服务等方式，发挥市场在资源配置中的基础作用，引导创新资源的聚集和分配，优化要素配置。

（3）以突破国家重大瓶颈短板、推进重大工程项目为主要任务

新型举国体制实施链式备份是一定时期内对特定领域的组织形式。从国家层面上看，对基础领域来说，新型举国体制只是"手段"而不是"目的"，是以计划或工程的形式组织开展，进行有效突破和快速发展。

（4）以促进科技创新-经济价值链良性循环为基本路径

在新型举国体制条件下，科技创新资源与科技创新链结合形成闭环的创新价值链模型，科技创新通过市场环节实现经济价值增值。政府、企业和资本市场等投入主体以公共信息、政策资源、基础条件、科技人才、项目资金等形式，将创新资源分配给处于科技创新链上的基础研究、工程化、产业化等不同环节的创新主体。企业、高校和科研机构等创新主体根据科学规律研发实用技术，并将其产业化，转变为市场商品。最后通过市场机制，投入主体获得经济、社会方面的收益和效益，创新价值链得以循环。

（5）以我国集中力量办大事的制度优势为根本保障

新型举国体制实施链式备份是由政府组织、主导实施，其计划、工程或活动均需要自上而下在政府体制内建立一套较完整的组织体系，包括组织管理架构、管理团队、工作机制等，以政治优势保障资源调配，充分发挥政府、企业、社会大众的积极性，解决基础领域市场失灵现象。

6.1.2　主要特征

当前形势下，链式备份建立在新型举国体制的基础上，具有管理动员高效、资源配置合理、政府市场兼顾、内外融合并举等特征，是我国产业基础高级化的重要武器。

（1）管理动员高效

依托我国政治体制优势和社会主义集中力量办大事的制度优势，链式备份能够高效率地实现重大产业链备份的决策、组织、实施以及效果评价等，有望在较短时间内取得重大突破和显著成效。

（2）资源配置合理

在市场经济条件下，围绕重大产业链实施，链式备份可以快速调动政策、信息、企业、市场等创新资源，并且在不同环节、不同阶段，各类创新资源能够有序、均衡、协调地配置。企业和市场资本通常将资源投入在效益较明确、风险较小的产业技术研发、产品化及商品化阶段，而政府资源通常投入在创新链前端，将资源投入在创建基础条件、优化创新环境、培养创新人才、提高创新能力等方面。

（3）政府市场兼顾

链式备份需要发挥政府主导作用和市场主体作用，由政府统筹引导备份方向、出台相应政策、协调社会力量、撬动市场力量参与链式备份，企业跟随政府的指引投入薄弱环节，以市场需求为引导开展基础产品与技术的攻关突破，是政府引导、企业跟随、其他主体辅助的生态组织模式。

（4）内外融合并举

随着我国更深程度和广度地融入全球产业链和价值链，我国将加深与世界各国之间的交流与合作，未来会有更多国家和地区的人才、资金、企业参与我国重大工程建设以及重大计划的实施，在开展链式备份时，不能仅以培养国外企业的替代者为目标，要在建立产业链安全备份的基础上更好地融入全球产业体系，形成相互交叉、紧紧相扣的产业格局，在保证自身产业安全的同时，不与国外产业链脱钩，始终将全球化作为我国产业走向世界的道路。

6.1.3 主要模式

根据我国链式备份策略的内涵特点和想要由此达成的目标，我们可以总结出新型举国体制的如下模式特点（见图6-2）。

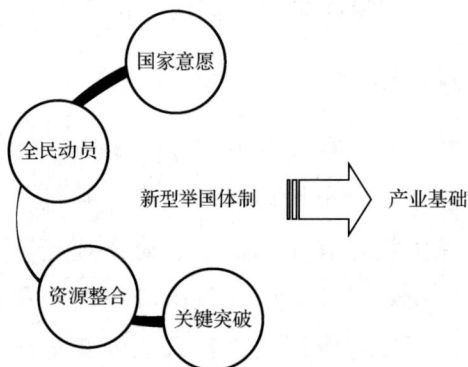

图 6-2 新型举国体制的模式

（1）举国体制与国家意愿

举国体制通常是应对国内外复杂多变的严峻形势而采用的一种机制与体系。因此举国体制策略的采用具有国家利益至上的特点，国家是统筹、组织、协调各方面资源的主导力量。

（2）举国体制与全民动员

举国体制通常表现为在某一特定历史时期，国家集中和统筹有限的人力、物力和财力，并充分调动各创新实体的创造力与积极性，从而实现国家既定目标。

（3）举国体制与资源整合

举国体制能够通过行政力量，快速整合各方资源，打通产业化的各个阻塞点，从而形成合力。而该合力的大小，通常直接影响着最终目标的达成。因此资源整合能力从侧面反映出举国体制的优劣。

（4）举国体制与关键突破

在关键领域和核心技术上取得关键性突破是举国体制策略的主要目的。解决问题、满足国家重大实际需求是举国体制的根本所在。"举国体制"策略所要解决的问题正是当前复杂的国内国际形势下的主要问题与矛盾。

产业基础薄弱是我国产业目前面临的主要关键矛盾之一，因此，新型举国体制要围绕产业基础领域的矛盾展开，以国家整体产业安全为目标，动员社会力量，整合各界资源，对产业基础"卡脖子"问题进行集中攻关，实现我国重点产业的深度重构。

6.2　核心策略

6.2.1　项目组织管理策略

采取链式备份解决产业基础产品与技术的"卡脖子"问题，应以现有科技创新政策为基础，在产业基础突破项目决策、责任、评估等方面建立对应的管理机制。

在项目决策层面，要基于技术成熟度、经济效益等开展综合论证。突破产业基础领域瓶颈，需要集成科技、产业、财政、投资、社会发展等各个领域的需求。重大科技任务要符合国家战略需求，总体目标明确具体，有较好的前期研究基础和发展前景，有望在明确的时间范围内取得重大突破和显著成效。论证重大任务，需要基于明确的成果产出，对国内外技术发展趋势与竞争态势、专利和技术标准的布局、不同技术路线的优劣、技术经济性等进行具体分析和判断。

在项目责任层面，结合法人责任制等措施，建立项目经理制度。依托法人责任制经验，成立专门独立法人，对重要项目分解形成一级任务，面向全球招募不同的项目经理人。对项目经理人赋予更大权限的经费监督管理权，由项目经理人决定下一级任务的分解，实行质量、安全、进度、成本管理，负责过程管理中的组织、协调、服务和监督。项目经理人就本任务对重大项目负最终责任。

在研发组织层面，要体现以技术系统为基础的分工。项目应遴选具有全局性带动性的关键核心技术，力争重点突破。凝练形成明确具体的重大产品（工程），或关键共性技术的突破及集成应用示范，选择适于以重大项目和重大工程的方式组织实施的重大战略任务。明确关键、可量化的指标，形成易于分工的指标体系。结合当前数字化、网络化演进趋势，集聚更大范围内的创新资源，进行网络化协同设计、研发、制造。对突破关键技术所具备的基础条件、已完成的相关研究及成果水平等进行系统总结，凝练提出需突破的关键技术、技术难点，明确产业化的解决途径。制定配套的任务目标分解图，明确任务间的关联度和在创新链上的分布。

在预算与成本控制层面，要完善项目预算制度，实施成本为中心的过程控制。形成更适合的科技预算管理制度。重大任务确定后，须制定对应的、实施时间明确的专项规划（计划）。对于确立的专项规划（计划），设立专项经费渠道，纳入预算实施至专项结束。通过工程化的管理进行成本控制。在工程化的任务分解基础上，将成本管理纳入考核因素。各级项目经理对项目活动本身、实施规模及其所耗资源数量、所耗资源价格等不确定性进行分析和管理。在保证进度和质量的前提下，采取组织措施、经济措施、技术措施等，把成本控制在计划范围内，并寻求最大程度的成本节约。

在进入与退出阶段，探索以商业合同为基础的采购制度。明确企业、研究机构参与链式备份任务的准入条件，除通过项目申请等科技管理渠道外，以商业合作的方式，由项目经理对成熟的技术或产品进行商业采购。对于参与研发或投资的企业，其权责、任务、功能要具备清晰的规定。对于未履行合约的任务承担单位，按商业违约追究其经济和法律责任。

在绩效评价层面，进行从研发到市场效益的全周期绩效评价。对面向市场应用的重大科技任务实行全周期的绩效评价，形成从研发、产业化到市场效益的闭环监测评价系统。在项目过程管理和评估基础上，依托科技项目标准化评价和重大成果产出导向的科技评价试点，以第三方评估机构为主体，吸收科技、经济等各领域机构参与，形成分阶段的重大任务评价制度。对于实施期间有社会经济效益的任务，以综合评价结果调整和确定未来下一步支持方向和投入力度。对于实施期间难以产生社会经济效益的重点任务，在任务完成后一定期限内开展跟踪评价。

6.2.2 人才引育策略

人力资源为科技创新之本，解决产业基础产品和技术"卡脖子"问题，离不开各类人才的支持。要壮大科技领军人才、高技能人才、企业家人才队伍，为科技创新和产业化提供强有力的支撑。

加大对国家高层次人才的支持力度。加快科学家工作室建设，鼓励开展探索性、原创性研究，培养一批具有前瞻性和国际眼光的战略科学家群体；形成一支具有原始创新能力的杰出科学家队伍；在若干重点领域建设一批有基础、有潜力、研究方向明确的高水平创新团队，提升重点领域科技创新能力；瞄准世界科技前沿和战略性新兴产业，支持和培养具有发展潜力的中青年科技创新领军人才；改革博士后制度，发挥高等学校、科研院所、企业在博士后研究人员招收培养中的主体作用，为博士后从事科技创新提供良好条件保障；遵循创业人才成长规律，拓宽培养渠道，支持科技成果转化领军人才发展。

培育一批具备国际视野、了解国际科学前沿和国际规则的中青年科研与管理人才。加大海外高层次人才引进力度。围绕国家重大需求，面向全球引进首席科学家等高层次创新人才，对国家急需紧缺的特殊人才，开辟专门渠道，实行特殊政策，实现精准引进。改进与完善外籍专家在华工作、生活环境和相关服务。支持引进人才深度参与国家计划项目、开展科技攻关。

采取理论培训和实践锻炼相结合的方式，加大力度培育一批全球知名企业家，并注重发挥企业家才能。选送重点领域企业优秀管理人才到国外知名企业、大学研修，支持开展现代企业经营管理制度、品牌战略、精准营销和服务、跨国并购和投融资、创新能力建设、知识产权保护以及国际贸易等方面的出国（境）培训。鼓励综合素质好、决策能力强、经营业绩突出、发展潜力大的优秀后备人才到链式备份的关键岗位上担当重任。

完善校企协同育人机制，对接职业标准和岗位规范，加快专业教学标准体系建设，强化学生实际操作能力培养。完善现代学徒制试点有关支持政策，实现制造企业与学校一体化育人。鼓励企业与有关高等学校、职业学校合作，开展"订单式"培养。

6.2.3　企业培育策略

企业是市场的主要承载形式，也是技术创新的主要力量，必须加快建设以企业为主体的技术创新体系，引导各类创新要素向企业集聚，更多发挥市场在资源配置中的决定性作用，不断增强企业创新动力、创新活力、创新实力，使创新转化为实实在在的产业活动，营造一批具有世界影响力的龙头企业和专精特新中小企业大军。

培育创新型领军企业，加强创新型企业建设。吸引更多企业参与研究制定链式备份重点产业链规划、计划、政策和标准，支持企业牵头联合高等学校、科研机构承担项目。充分发挥政策的激励引导作用，开展龙头企业转型试点，鼓励企业加大研发投入，推动设备更新和新技术广泛应用。引导国有大型企业加强对产业基础产品与技术的研发力度，鼓励大型央企建设共性技术研发机构，通过项目形式联合民企、科研院所进行技术攻关。

支持专精特新中小企业发展，支持高成长性的科技型中小企业发展，培育一批掌握行业专精特新技术的"隐形冠军"。发挥国家科技成果转化引导基金、国家中小企业发展基金、国家新兴产业创业投资引导基金等创业投资引导基金对全国创投市场培育和发展的引领作用，引导各类社会资本为符合条件的科技型中小微企业提供融资支持。推动形成一批专业领域技术创新服务平台，面向科技型中小微企业提供研发设计、检验检测、技术转移、大型共用软件、知识产权、人才培训等服务。探索通过政府购买服务等方式，引导技术创新服务平台建立有效运行的良好机制，为科技型中小微企业创新的不同环节、不同阶段提供集成化、市场化、专业化、网络化支撑服务。

6.2.4　技术攻关策略

技术研发是解决产业基础产品与技术瓶颈制约的核心。在产业基础领域，必须遴选产业基础关键产品与技术，通过更加市场化、更加集中资源、更加协同的创新模式，进行技术攻关，并将有关举措在全社会加以推广。

健全战略研判机制，加强战略研判能力，增强科技创新政策的前瞻性预见性系统性，避免对科技创新在持续深耕和领跑领域的简单追随，避免对创新型国家各类行之有效创新政策的无序拼接。坚持立足前沿，发挥好科学家的主体作用，从科学前沿中寻找值得深入探索的科学问题；坚持需求导向、问题导向、目标导向，从国家发展需要和产业发展实际出发，引入社会创新模式，开放"问题"端，从更大范围内征集科学研究的选题，提出急需攻坚的重大任务，在战略必争领域明确主攻方向；采取必要的"非对称"战略，确定创新路线图和时间表，配置最优势创新力量和资源进行攻关。

构建创新竞争机制，激发企业创新的主观能动性，鼓励形成竞争性创新的社会氛围。立足社会主义市场经济，既注重发挥国有科研院所、研究型大学的骨干引领作用，又注重发挥创新型企业、新型研发机构的创新主体作用；既注重以建设国家实验室等为抓手，统筹整合科研力量，形成国家战略科技力量，又注重构建创新竞争机制，形成你追我赶、互相竞争的群体突破创新格局；既着眼于避免市场失灵，在公共财政投入、研发机构管理、知识产权保护、创新人才培养和国际科技合作等方面发挥政府作用，又要避免政府失灵。深化科技领域供给侧结构性改革，在充分竞争领域注重发挥企业的创新主体作用，激发科学家和企业家等创新主体的积极性、主动性、创造性。

完善协同攻关机制，健全国家创新体系，充分发挥科研院所、高校、企业在关键核心技术攻坚中有区别的主体作用，搭建学术界和产业界的合作桥梁、科研院所和高校的合作桥梁、科研院所和企业的合作桥梁，鼓励企业联合高校和科研院所组建产学研用联合体，联合开展核心技术研发攻关。着眼于全球创新价值链配置创新资源，发挥比较优势、培育后发优势。充分利用我国经济优势和工程建设能力，建设全球领先的大科学装置和科学研究平台，吸纳各类优质创新要素，增强科学汇聚能力。把握科技发展主动权，牵头发起各类国际科技合作计划，促进国内创新者和外国出口市场、投资资本、技术技能和知识资源之间的联系。

加强前沿基础科学研究，重视基础科学的发展，加大基础人才培养力度。随着我国在越来越多的科技领域达到世界先进水平，我国科技创新面临步入"无人区"的处境，前沿基础科学研究的缺位可能导致我国在"无人区"无路可走，待发达国家实现技术突破时，我国又面临被制约的尴尬境地。重视数学、物理学、化学、天文学、地学、生命科学等基础学科，推动学科持续发展；加强信息、生物、纳米等新兴学科建设，鼓励开展跨学科研究，促进学科交叉融合；重视产业升级与结构调整所需解决的核心科学问题，推进环境科学、海洋科学、材料科学、工程科学和临床医学等应用学科发展。

6.2.5　环境营造策略

产业基础产品与技术的突破不仅需要企业、人才、政府、资金、创新资源等"硬实力"，也需要"两弹一星"科学精神、工匠精神、大众创业万众创新以及"宽容失败"的社会氛围作为支撑。

大力弘扬求真务实、勇于创新、追求卓越、团结协作、无私奉献的科学精神，继承热爱祖国、无私奉献，自力更生、艰苦奋斗，大力协同、勇于攀登的"两弹一星"精神。鼓励学术争鸣，激发批判思维，提倡富有生气、不受约束、敢于发明和创造的学术自由。坚持制度规范和道德自律并举原则，建设教育、自律、监督、惩治于一体的科研诚信体系。完善科研诚信的承诺和报告制度等，明确学术不端行为监督调查惩治主体和程序，加强监督和对科研不端行为的查处力度和曝光力度。

激发全社会创新活力，在依托重点企业、科研院所、高校突破产业基础产品与技术之外，还要调动全社会的创新力量，依托移动互联网、大数据、云计算等现代信息技术，发展新型创业服务模式，建立一批低成本、便利化、开放式众创空间和虚拟创新社区，建设多种形式的孵化机构，构建"孵化+创投"的创业模式，鼓励广泛的社会大众参与创新活动。

积极营造"宽容失败"的社会氛围，完善各种评价、保障、激励机制，把"宽容失败就是鼓励创新"的观念融入实践之中，对于那些承担着探索性强、风险性高科研项目的科研人员，要切实从体制和机制上给予帮助和扶持，鼓励科研人员大胆探索，挑战未知。

大力培育工匠精神，倡导以工匠精神为核心的工业精神，出台推动工业文化发展的相关指导意见，弘扬优秀工业文化，提升我国工业软实力。制造企业要把培育精益求精的工匠精神作为职工继续教育的重要内容，增强职工对职业理念、职业责任和职业使命的认识与理解。不断深化"中国梦·劳动美"教育实践活动。推进工匠精神进校园、进课堂，帮助学生树立崇高的职业理想和良好的职业道德，培养崇尚劳动、敬业守信、精益求精、敢于创新的制造业人才。

6.3　推进路径

6.3.1　组织保障路径

采用新型举国体制实施链式备份，应从组织层面建立集中、统一、高效的领导机制，确保在决策上能够集中各方智慧，在资源上能够得到有效保障，在遇到问题时能够及时向高层反馈。

组建国家层面的管理与推进机构，统筹建设国家关键产业链的链式备份领导小组，根据产业基础领域产品与技术突破需求，整合资金、人才、实验室、用户等各类创新资源，牵头推进重大项目、重大工程、重点计划等事项，实行"一事一议"和专人负责制度，推进技术突破的全局性工作。

整合各类科技及产业计划，研究组建公开统一的科技产业项目管理平台，统筹整合国家各部门管理的科技计划、产业计划与工程等，按其所涉及的基础领域产品与技术进行分类梳理，完善产业基础技术突破的基础研究、工程化试验、小试中试、产业化投入机制，打通科技成果转化链条，解决条块分割、资源配置"碎片化"问题。

整合各类科教、研发、产业化资源，对各项产业基础重点产品和技术，全面梳理其涉及的人才、专家、实验室、检测平台、企业等资源，建立线上的重大项目科技条件库，先期可以课题、项目形式，组织库内相关领域的资源进行协同创新，后期可采用更多市场化的形式，由库内相关资源进行自由组合，推动重大技术突破。

6.3.2 政策保障路径

强化创新法治与制度保障,健全有利于创新发展的法治环境,重点加快对产业基础领域知识产权保护相关法律的完善与更新进程,构建综合配套法治保障体系。研究制定规范和管理项目活动的法规制度,完善科学共同体、企业、社会公众等共同参与重大技术领域科技创新活动的规范,明确各类技术创新主体的权利、义务关系。研究推进数据信息等领域的保护与共享机制与制度,推进科技资源开放共享。加大对知识产权侵权行为的惩处力度,提高侵权损害赔偿标准,探索实施惩罚性赔偿制度,降低维权成本。健全知识产权侵权查处机制,强化行政执法与司法保护衔接,加强知识产权综合行政执法,将侵权行为信息纳入社会信用记录。

完善成果转化激励制度,包括产业基础领域成果转化奖励的相关激励制度,以及科技成果、知识产权归属和利益分享机制,积极引导科技型企业实施股权和分红激励制度。引导高等学校、科研院所的主管部门以及财政、科技等相关部门,在进行绩效考评时应当将科技成果转化的情况作为评价指标之一。加大对重大技术短板领域科技成果转化绩效突出的高等学校、科研院所及人员的支持力度,引导发改、科技、工信、财政等部门,根据成果转化情况等,对各项目承担单位的科技创新项目或工程进行评价,并将评价结果作为进一步进行支持的依据之一。引导高等学校、科研院所完善激励制度,对实现重大产业基础领域产品与技术突破并成功转化的,在职称评定、项目申报等方面给予奖励。

深入实施知识产权战略,加快建设知识产权强国,加强知识产权创造、运用、管理、保护和服务,在全社会形成尊重劳动、尊重知识、尊重人才、尊重创造的良好氛围。推进产业基础领域知识产权管理体制机制改革,针对当前创新模式变革、技术跨界融合等新趋势新问题,重点服务我国技术瓶颈和短板领域,加快推进一批知识产权重大政策的制定和实施。深化知识产权领域的"放管服"改革，针对产业基础建立专利审批绿色通道。通过更加紧密的国际合作，把知识产权制度打造成世界各国创新合作的桥梁，在共同利益基础上推动建立有活力的协同合作体系。引导支持企业在重大技术短板领域形成和运用知识产权，以知识产权利益分享机制为纽带，促进创新成果的知识产权化。实施项目的全流程知识产权管理，针对产业基础领域形成特色化知识产权目标评估制度。

持续推进技术标准战略，健全技术标准体系，统筹推进科技、标准、产业协同创新，健全产业基础领域重大科技成果转化为技术标准机制。加强基础通用和产业关键共性技术标准研制，加快新兴和融合领域技术标准研制，健全科技创新、专利保护与标准互动支撑机制。发挥标准在产业基础领域技术创新中的引导作用，及时更新标准，强化强制性标准制定与实施，逐步提高生产环节和市场准入的环保、节能、节水、节材、安全指标及相关标准，形成支撑产业升级的技术标准体系。开展军民通用标准的制定和整合，推动军用标准和民用标准双向转化，促进军用标准和民用标准兼容发展。充分发挥行业协会、专业机构等的作用，大力培育发展团体标准，推行标准"领跑者"制度，培育发展标准化服务业，提升市场主体技术标准研制能力。促进标准体系的公开、开放和兼容，加强公平执法和严格执法。支持我国企业、联盟和社会组织参与或主导国际标准研制，推动中国标准"走出去"，提升中国标准国际影响力。

强化政策间的统筹协调，建立产业基础领域重大技术创新、转化等方面政策协调审查机制，组织开展创新政策清理，及时废止有违创新规律、阻碍核心技术突破、新兴业态发展的政策条款，对新制定政策是否制约创新进行审查。强化政策顶层设计，加强技术创新政策与财税、金融、贸易、投资、产业、教育、知识产权、社会保障、社会治理等政策的协同，围绕产业基础领域产品与技术突破和产业化等关键环节，形成目标一致、部门协作配合的政策合力，提高政策的系统性、可操作性。加强中央和地方的政策协调，强化中央、地方政策相互支持和配合，形成共同推进核心技术突破的合力。建立创新政策调查和评价制度，广泛听取企业、高校和科研院所等意见，定期对创新政策落实情况进行跟踪，并及时评估调整完善。

6.3.3　要素保障路径

采用新型举国体制实施链式备份，需要统筹社会力量，积极引导金融、财政以及各类生产要素往产业基础领域聚集，强化对产业基础产品与技术的支撑，为基础产品与技术的创新活动设立"大坝"，解决创新主体外部力量不足的问题，加大各方面对产业基础领域的要素投入。

强化金融对产业基础的支撑作用，充分发挥天使投资、创业投资、产业投资的作用，壮大创业投资和政府创业投资引导基金规模，强化对种子期、初创期创业企业和项目的直接融资支持。全面实施国家科技成果转化引导基金，吸引优秀创业投资管理团队联合设立一批创业投资子基金。引导保险资金投资创业投资基金，加大对外资创业投资企业的支持力度，引导境外资本投向创新领域。支持创新创业企业进入资本市场融资，完善企业兼并重组机制，鼓励发展多种形式的并购融资。深化促进科技和金融结合试点，建立从实验研究、中试到生产的全过程、多元化和差异性的科技创新融资模式，鼓励和引导金融机构参与产学研合作创新。在依法合规、风险可控的前提下，支持符合创新特点的结构性、复合性金融产品开发，加大对企业创新活动的金融支持力度。充分发挥政策性银行作用，在业务范围内加大对企业创新活动的支持力度。引导银行等金融机构创新信贷产品与金融服务，提高信贷支持创新的灵活性和便利性，支持民营银行面向中小微企业创新需求的金融产品创新。加快发展科技保险，鼓励保险机构发起或参与设立创业投资基金，探索保险资金支持重大科技项目和科技企业发展。建立知识产权质押融资市场化风险补偿机制，简化知识产权质押融资流程，鼓励有条件的地区建立科技保险奖补机制和再保险制度。

强化财税对产业基础的帮扶作用，加强中央财政投入和地方创新发展需求衔接，引导地方政府加大对产业基础领域的科技投入力度。创新财政科技投入方式，加强财政资金和金融手段的协调配合，综合运用创业投资、风险补偿、贷款贴息等多种方式，充分发挥财政资金的杠杆作用，引导金融资金和民间资本进入创新领域，完善多元化、多渠道、多层次的科技投入体系。制定和修订相关计划管理办法和经费管理办法，改进和规范项目管理流程，精简程序、简化手续。建立科研财务助理制度。完善科研项目间接费用管理，加大绩效激励力度，落实好项目承担单位项目预算调剂权。完善稳定支持和竞争性支持相协调的机制，加大稳定支持力度，支持研究机构自主布局科研项目，扩大高等学校、科研院所学术自主权和个人科研选题选择权。在基础研究领域建立包容和支持非共识创新项目的制度。坚持结构性减税方向，逐步将国家对企业技术创新的投入方式转变为以普惠性财税政策为主。加大研发费用加计扣除、高新技术企业税收优惠、固定资产加速折旧等政策的落实力度，推动设备更新和新技术利用。对包括天使投资在内的投向种子期、初创期等创新活动的投资，统筹研究相关税收支持政策。研究扩大促进创业投资企业发展的税收优惠政策，适当放宽创业投资企业投资高新技术企业的条件限制。

强化各类新型生产要素供给，促进数据、信息、知识等新型生产要素的发展，加快构建工业互联网、5G 等新型关键基础设施，整合创新资源进行产业基础产品和技术突破。一方面，要加快实施工业互联网创新发展战略，推进人工智能、工业互联网、物联网等建设，加快 5G 标准研制、技术试验和商用步伐，大力拓展各类创新技术的应用场景建设，确保各类新型关键基础设施发挥最大效用。另一方面，要抓紧落实宽带资费降低、移动网络流量资费降低等政策举措，扩大公共场所免费上网范围，推进实现百兆宽带普遍覆盖，启动千兆宽带试点，提高宽带速率。

6.3.4　市场保障路径

任何一项产业基础产品与技术的突破，既要能解决"研究得出"

的问题，又要能解决"造得出"的问题，还要能解决"卖得出"的问题。实施新型举国体制，不仅要求能够解决产业基础短板，让短板不再成为制约，还要能够产生经济效益，经济效益反过来又能促进科技成果的诞生和产业化进程，这就要求在实施过程中，高度重视市场培育，从"供给端"和"应用端"共同促进技术和产品突破。

组建新型创新联合体，注重点线结合、线面结合，更多采用"应用牵引式"的研发模式，尤其是注重加强对产业链整体的支持。由于部门分割、条块分割等原因，以往政府、社会资本对于创新企业的支持，更多集中于"点"上的突破，缺乏对产业链上下游整体的支持，导致众多科技成果难以实现成功转化，支持的成效往往不是特别充分。可以组建创新联合体，即以产业链上下游需求和供给能力为依据，以应用为导向，依托具有产业链整合能力的第三方机构（行业协会、产业联盟等），针对重点产品、工艺，梳理产业链重要环节，遴选各环节承担单位，加快重点产品和技术成果推广应用，促进整机（系统）和基础技术互动发展，建立产业链上中下游互融共生、分工合作、利益共享的一体化组织新模式。此外，也可以借鉴德国产业集群的经验做法，由行业龙头的科研院所或企业牵头组建集群促进机构，整合一定空间范围内、主营业务相近的企业、高校、院所、第三方服务机构，组建相关领域的产业集群，将基础研究端、技术创新端、产业端资源高效整合起来，实现技术与市场的协同，对于科技成果的转移转化具有明显的促进作用，同时，科技成果转化带来的收益"反哺"基础研究端，又能促进基础研究的发展。

支持广大用户"首购"创新产品，解决创新产品市场投入难度大的窘境，更好地促进产品在实际场景中应用。部分基础产品和技术实现突破后，推广应用仍比较困难，进入市场的渠道仍不通畅，争取"首张订单"难度很大，究其原因，一是招标过程中，对供应商的规模、资质、业绩往往会设置一定的门槛要求，创新产品因达不到这些最低门槛而失去机会；二是创新产品投放市场时间较短，可能会存在不成熟的地方，推广应用中确实存在一定的风险，采购人在采购时，往往会以求稳为主，不愿率先使用创新产品。推广应用难，往往会导致投入巨大资金和人力研发出的科技成果被"束之高阁"，难以发挥其经济效益。应当注重对市场培育的支持，针对"首购"客户"不敢用"的难题，更大范围、更广领域采取首台（套）、首批（次）、首版次等优惠政策，对于国内企事业单位通过自主开发或者合作开发，其功能或性能有重大突破，在该领域具有技术领先优势或者打破市场垄断，拥有自主知识产权，尚未取得重大市场业绩的重大技术装备、新材料、基础零部件（元器件）、国产软件等产品进行保费补贴。

强化科技成果转化市场化服务，促进创新产品快速市场化，实现创新与需求的衔接。以"互联网+"科技成果转移转化为核心，以需求为导向，打造线上与线下相结合的国家技术交易网络平台，提供信息发布、融资并购、公开挂牌、竞价拍卖、咨询辅导等专业化服务。完善技术转移区域中心、国际技术转移中心布局与功能，支持地方和有关机构建立完善区域性、行业性技术市场，打造链接国内外技术、资本、人才等创新资源的技术转移网络。完善技术产权交易、知识产权交易等各类平台功能，促进科技成果与资本的有效对接。

第 7 章

链式突破

关键环节的能力不足，严重影响我国产业的稳定运行，开展链式突破，提升产业链供应链韧性，是维护产业安全稳定的基础。针对产业链供应链的关键薄弱环节，围绕产业链开展共性技术攻关、大中小企业协同创新，建立上中下游信任机制，以市场需求引导，深化企业融通合作，并加强政策保障的实施，解决产品创新能力不足、竞争力薄弱、上下游协同应用难的问题，保障产业链供应链顺畅运行。

7.1 基本内涵与特征

7.1.1 基本内涵

链式突破，是以产业链供应链为整体单位，以产业链供应链高质量发展为目标，围绕产业链上中下游薄弱环节产业基础的关键产品与技术，开展技术创新，协同攻关突破，应用同步迭代，供需融合对接，实现链上关键产品质量提升、附加值提高，以及自主可控。开展链式突破，要以产业需求和技术变革为牵引，在研发设计层面融入现代新型生产要素思想，将传感器技术融入基础产品，促进人工智能与基础零部件、基础材料深度融合，促进产品数字化、信息化变革。实现链式突破的关键在于产业链供应链整体协同推进，并以生产制造为主体，联合高校、科研院所、应用（消费者）、试验验证协同开展创新，解决产品自我迭代升级、链内应用畅通存在的关键问题。

链式突破包含主体、价值、创新、生态、供需、空间六个维度。

从主体维度来看，链式突破是建立在单个产业链供应链的终端产品需求上的研发制造服务活动，其主体是处于基础产品和技术突破环节的企业，以及与该环节企业具有紧密业务联系的上下游企业，能够为产品研发提供资金、技术、人才支持的金融机构、科研机构、检测机构等，企业之间的协同合作是链式突破的主要运作模式。

从价值维度来看，价值的提升是链式突破的客观结果，企业追求产品高利润是链式突破的主要动力，通过基础产品的可靠性提高和性能提升，稳固供应链上下游关系，保持企业在价值链的中高端地位，整体价值提升才能实现产品和技术的长期迭代发展。

从创新维度来看，有效创新是由高校基础技术研发，科研机构共性技术研发，企业应用技术创新突破，主体之间成果知识共享，科研成果转化顺畅等要素共同组成的，是链式突破的重要保障。

从生态维度来看，生态的丰富是链式突破的直接影响，以往只能依赖进口的产品可以实现自主生产后，本土企业在该领域的占有量会提升，围绕在该产业链供应链周围的基础产品类别将增加，产业生态也会更加丰富。

从供需维度来看，链式突破会进一步促进本土供需的畅通，在产业链供应链存在薄弱环节时，对该环节产品的需求只能依赖进口，供需双方之间存在沟通时效性和信息不对称问题，且客户处于被动位置，而链式突破建立在企业间合作的基础上，需求得到进一步沟通，同时降低本土客户寻找供应商的难度，提高了挖掘潜在用户的可能性，使得供需链得到进一步深化延展。

从空间维度来看，实施链式突破会极大缩短市场交易空间，在只能依靠进口时，该环节企业来自国外，空间极大延展会导致产品生产采购可能出现的不利因素增多，如疫情期间，病毒的感染对生产带来的不连续性影响会一直延伸到产业下游，当自主产品实现技术突破后，会直接缩短企业空间距离，外部环境的不稳定因素减少，长距离物流运输问题得到解决。

7.1.2　主要特征

（1）以产业链供应链短板为突破对象

根据木桶原理，一个木桶盛水的多少，并不取决于桶壁上最高的那块木板，而恰恰取决于桶壁上最短的那块。于产业安全与发展来说，正是如此，产业链供应链的短板是产业的薄弱环节，也是经济发展到一定规模以后的制约因素，链式突破的对象是产业链供应链的短板，是产业链供应链整体能力最薄弱的部分，在面对外部冲击时，产业链供应链短板过多，有可能会使产业、经济一击即溃。从当前发展现状和发展趋势来看，产业链供应链短板环节集中在产业基础领域，包括整机的关键零部件和元器件、产品生产不可或缺的基础材料和基础制造工艺、实现数字化研发和设计的软件工具，以及为产品提供关键共性技术供给和检测检验服务的公共服务平台。在实施链式突破时，要理清短板所处的位置和重要性顺序，逐链逐点逐序展开。

（2）上中下游企业协同推进

链式突破强调以产业链供应链为"锚"，以实现产业链供应链畅通为目标，解决产业基础领域产品和技术存在的缺陷、不足，通过产业链上中下游企业开展协同突破性的技术升级，通过将终端企业的需求往上游企业迁移，在企业能力不足时协调组织内部力量攻坚克难，建立产业基础战略联盟，集中产品上中下游关联企业，集中力量投入薄弱板块，建立创新协同、产线协同、应用协同机制，努力达到企业间利益关系一致性，形成"你中有我，我中有你"的企业合作格局，实现关键产品和技术突破，以及持续应用迭代。

（3）创新要素集中投入

产业链供应链短板集中于产业基础领域，基础产品的攻关要求建立产品的稳定量产流程，涉及从原材料、研发、生产等多个环节，以及知识产权、质量检验等服务保障体系，技术攻关难度大，单个企业研发投入很难取得成效，因此要求创新要素的集中投入，通过整合攻关企业与其上下游企业、相关科研机构的技术力量，集中创新主体，将分散资源聚合在一起形成规模效应，促进不同创新主体之间的知识传播，加快新技术创造速度，提升产业链上中下游关联效应。

7.2　实施的主要难点

7.2.1　产品技术能力滞后、竞争力薄弱

我国产业基础领域产品技术能力滞后，缺乏持续更新能力，难以预测产品的下一代应用场景，多以跟随研制为发展路径，品牌效益不高，在国际市场缺乏竞争力，许多产品依然靠着低价内卷的方式获取订单，产品技术创新环节矛盾突出，主要体现在企业研发投入低、产学研协同效率低、没有建立以企业为主的创新体系等方面。

产业基础领域以中小企业为主导，由专业化企业实现对某一领域的突破创新。然而中小企业能力薄弱，难以持续性地投入研发创新，技术力量有限，自身人才能力不足以实现在某一领域的突破，使得企业对产品创新投入心有余而力不足。同时，许多中小企业由于已经习惯了已有的生产模式，形成了管理惰性，不愿意做出太大改变，只寻求生产稳定和企业基本运营。企业研发投入低是产业基础产品与技术能力不足的主要问题之一，主动意愿不高、能力不足、资金不够是阻碍企业进行产品突破的关键诱因。

　　产品与技术创新没能够与市场有效结合，产学研协同机制尚未完善。当实验室实现产品与技术突破后，缺乏成熟的产业化服务机构，从创新到市场之间出现断层，创新难以落地，成本投入只能由科研基金买单，无法投入实际社会生产，创造经济价值。同时，薄弱的知识产权保护使得研究人员对创新成果的保密程度加大，研发端不信任产业端，进一步提高了市场化的难度。

　　以企业为主体的创新体系尚未完善，当前企业创新活动难以深入基础理论层面，多从工业设计、应用、工艺等生产后端流程出发，如重新设计产品外观、提高产品的质量性能，改善生产工艺等。有能力开展创新的多为在行业里有长期技术积累的龙头公司，而这类公司需要经历漫长的市场化运作才能出现，中小企业在短期内难以快速成长。部分有产品创新需求的企业会委托专业化科研机构为其提供产品创新服务，由此会产生企业需求和创新机构输出之间不契合的矛盾，双方仅以完成合同规定条款为目的，无法就后续创研展开互动。并且当前社会对于企业的社会角色缺乏更高层次定位，认为企业的主要任务就是销售产品，创新是高校和科研院所的事情，企业只需要把创新成果拿过来用即可，这种没有以企业为主体的创新体系导致产业基础领域创新活动的数量和有效性普遍较低。

7.2.2　产业链供应链上中下游矛盾

　　长期以来，我国产业链供应链薄弱环节大多是采用国外先进产品与技术，导致部分领域被国外品牌长期占有，企业在进行采购时也倾向于优先采购国外产品。产业链供应链薄弱环节实现技术突破后，首要面临的最大问题是市场是否接受，推广国产突破产品与技术，关键在于解决产业链供应链上中下游的矛盾。

　　产业链供应链上中下游矛盾主要体现在下游对上游的不信任，上游产品缺乏可以落地的场景。产业链供应链短板多存在于产业基础领域，具体表现为基础零部件和元器件、基础材料、基础软件等对产业链整体的支撑能力不够。基础产品位于产业链供应链上游位置，上游企业在实现产品革新后，需要将产品投入市场，实现产品落地，通过应用牵引、整机带动，验证其质量、性能与寿命，以不断提高基础产品的可靠性，这一过程中必须依靠下游企业使用其产品。

而下游企业在采购时，会从产品质量、企业关系、客户使用等诸多方面综合考量，下游企业不愿采购上游企业的新产品主要有三大原因，一是长期的既有合作导致企业供应商路径依赖。由于一直采用国外产品，下游企业很大程度上会对国外供应商形成依赖，由于企业之间多年的合作，在产品选择、品牌忠诚、供应链周期甚至心理上已经存在明显倾向，对国外设备的识别适配也已经形成了固定的模式。因此，下游企业在更换供应商时，企业考虑的因素不仅是产品质量和性能，在没有出现重大情况而非换不可的情况下，企业不愿意轻易更换供应商。二是基础产品在整机中价值与损失不成比例，在新产品尚未受到市场和时间足够的检验前不敢贸然采用，如果使用新基础产品，整机产品的性能、质量、寿命等方面出现的问题难以估计，进而影响后续的订单，即对国产新设备的不信任，担心使用后会出现问题，导致客户流失，甚至出现生产安全事故等，部分企业甚至视换装国产新装备为潜在风险。三是基础产品与主机协同难度大，从重大装备研制经验来看，基础产品需要与主机同步研发，要围绕主机开展验证测试，下游企业也需要开放设备场所，提供基础产品验证环境，而且要确保产能与供应链能够与下游企业订单和生产充分适配。

此外，多年的合作也使得企业之间形成了比较牢固的利益捆绑，国外企业为维护国内市场，会设定针对性的营销策略，在巩固、抢占市场份额的同时通过提供附加服务补足降价损失，有目的性地进行技术更新，通过打补丁、小升级的方式挤压同类别的国产设备市场空间，如在招投标过程中，企业需要有工程业绩，提供关于产品业绩和设备参数方面的信息，然而首创产品由于没有业绩而被排除于招标门槛之外，没有业绩就没有客户购买，而没有客户购买也就意味着没有应用业绩，陷入死循环，包括应用数据、设备参数等要求甚至已经成为招投标评审过程中"歧视国产"的潜规则，企业的自主创新积极性受到重挫，即使经过专家论证依然无法被客户认同。

产业基础相关领域的国际竞争环境恶劣，企业寡头垄断格局已经形成，产业基础相关领域的国内市场容易被国外寡头占领。我国属于后发国家，产业基础相关领域企业的市场突围难度往往超过技术突破，在全球化市场竞争环境下，大多数主机企业优先采购国外零部件、材料，形成了稳定的国际供应链体系，主机企业的供应链依赖导致了国内企业难以进入，缺少市场、缺少订单，形成不利于产业基础产品迭代的恶性循环，无法与国外寡头竞争。并且，高端产品的规则基本由国外先行者书写，标准和核心专利基本被发达国家掌控。例如，半导体照明材料的核心专利 70%由美、日、德等占有。同时，检测检验设备和基础标准等均由国外掌控，我国缺少能够适应国内自主基础领域产品的市场验证和应用环境，很难短时期内进入供应链体系。

7.3　推进路径

7.3.1　识别薄弱短板

链式突破的目标是攻克产业链供应链短板，提高产业链供应链整体的自主化水平。实施链式突破的首要任务是识别短板所在，根本问题是弄清楚哪些零部件、元器件、材料、软件、工艺是无法实现自主生产的，哪些产品的可靠性不能满足需求，或已实现技术突破但未产业化。

宏观层面，需要首先按领域构建产业链供应链图谱，将组成整机设备不可或缺的关键零部件和元器件按照产业链供应链上中下游进行归类，开展国内外同类产品企业技术比较，分析产业链供应链上下游影响，并建立企业名单制度，将各个环节所拥有的企业按照创新能力、市场竞争、生产能力等进行分类排序，从宏观层面了解产业链供应链各个环节所拥有的企业的数量和能力。

微观层面，针对具体整机设备，进行产品技术解构，分析具有决定性作用、生产必不可少的关键零部件、元器件、基础材料、基础工艺与基础软件；同时，建立基础产品和技术分级分类制度，按照产品和技术来源对基础产品与技术进行分类分层，针对研发设计、生产制造、原材料等环节，建立从规模化生产、可靠性不足，到某些环节依然需要依赖进口软件、设备、技术或工艺的分级分类标准，掌握国内基础产品与技术的自主化水平。

短板的识别指标，见表 7-1。

表 7-1　短板的识别指标

指　标	标　准
规模	① 是否规模生产 ② 产品是否具备自我迭代能力 ③ 技术水平是否国际先进
可靠性	① 是否实现工程化突破 ② 是否具备核心专利 ③ 是否存在可靠性问题
进口依赖	① 是否完全依赖进口 ② 是否部分进口 ③ 进口主要国家

对于已经规模化生产的基础产品，避免产能加快扩张，分析产品集中度和技术发展所处水平，加大龙头企业技术研发投入。分析上中下游供需对接情况，促进研发协同、生产协同，提高产品自我迭代能力。

对于可靠性不足的基础产品，分析产品所处工程化产业化阶段，研究高校和科研院所的专利储备与科研成果转化障碍，着力引导企业开展工程化产业技术突破，分析开展示范应用的条件与环境，促进研发机构与制造企业协同联动。

针对进口依赖产品，分析了解哪些可以实现自主生产，哪些短期内需要继续依赖进口，哪些长期仍然依赖进口。对可自主生产的，建立备案计划，收集相关企业信息，调查企业能力，评估其产品供给能力，加强供需对接，支持产品应用示范，对短期内依然需要依赖进口，根据基础产品的重要程度，组织力量开展协同攻关突破，先解决重要零部件产品的关键技术问题。对于长期仍然依赖进口的基础产品，拓宽进口渠道，多个国家多个企业采购，以国内庞大市场需求换取稳定基础产品供给。

7.3.2　强化共性技术创新

当前，我国科技创新对经济发展支撑不足，关键核心技术存在短板问题，重大技术装备受制于人的局面依然不同程度地存在。其重要原因是产业链与创新链没有有效对接，因而导致工业技术基础薄弱。

要实现产业基础高级化与产业链现代化，应让一些具备应用基础研究条件的转制院所一定程度地回归公益性。例如，依托中国机械工业集团有限公司成立重大装备制造业产业基础技术创新联盟，联合中央企业的相关转制院所及部分相关高校，围绕重大装备国产化的核心基础零部件、关键基础材料、重要基础工艺、基础软件及质量技术基础等方面开展产学研协同攻关，并在此基础上创建国家重大装备制造业产业基础创新中心，持续提升我国重大装备制造业的协同创新能力。

着重建立以企业为主体、市场为导向、产学研深度融合的基础创新能力创新体系，再造共性技术创新体系，提高共性技术供给能力，提高行业领域产业技术创新能力，支撑制造强国，牢固创新基础。

坚持企业为主体，再造共性技术创新平台，解决跨行业、跨领域的关键共性技术问题，着力于共性技术攻关和企业的普及推广应用服务。持续支持依然具有共性技术研发能力的转制院所，鼓励转制院所围绕行业内企业共性需求开展技术研发。进一步深化科技体制改革，优化整合科技资源，完善政府对基础性、战略性、前沿性科学研究和共性技术研究的支持机制，加大产业基础理论和产业共性技术攻关的投入力度。围绕产业基础，推动现有重点实验室、工程中心、国家制造业创新中心整合，形成协同效应，为广大中小企业提供新技术、新产品、新工艺的共性技术，并协助企业解决自身创新发展中的组织管理问题。创新科技成果转化机制，设立政府技术转移资金，支持共性技术的转化应用，特别是向中小企业转移和扩散，解决中小企业创新需要的共性技术。

7.3.3　大中小企业协同创新

推动中小企业专精特新发展，聚焦产业基础领域，促进产业信息流通和资源共享，围绕关键核心技术，聚焦真空地带，集中力量突破产业发展瓶颈。发挥中小企业领域专一、覆盖广泛的基本特点，帮助中小企业解决技术创新难题，强化企业市场主体地位，以中小企业为突破短板的中坚力量。发挥我国制度优势，以地方政府牵头，带领地区龙头企业做大做强、中小企业专精特新，将具有关键战略意义的产业建设成为地区主导特色产业，实现关键技术环节为产业持续赋能，打破企业难以自主实现突破创新的障碍，推动技术、信息、人才、资金等资源向薄弱领域流动，建立产业风险预警机制，制定备案计划，提升企业危机应对能力，加快终端企业信息向上游流动，提高上游企业对市场的反应速度，加强产业链上中下游企业的利益绑定和战略一致。

围绕产业链建立协同机构，鼓励中小企业积极融入产业链协同机构，在行业龙头的带领下组成创新联合体，借助创新协同机构科研力量提升企业自主创新能力，以产业链为主线，加强链上协同创新，促进上下游企业深度融合，实现链式突破。

龙头企业发挥牵引作用，为上游企业提供基础产品创新应用场景，整合围绕在产业链的高校、政府、协会等多方主体资源，建立协作交流平台，帮助中小企业实现自主突破，完成对上游的知识辐射，成为中小企业产品与技术创新的试错容错点。中小企业在龙头企业的指导下开展攻关，发挥自己组织灵活、领域专一、产品精细等特点，以提高主机产品的各项性能指标为目标，提高与整机企业的技术兼容，努力成为所在产业链供应链上基础产品与技术突破的核心力量。

7.3.4　建立信任机制

链式突破要求企业进行协同攻关，企业之间形成链式联盟，链式联盟为企业提供了向其他业务领域进行非产权扩展的工具，但链式联盟具有更大的不确定性和风险，联盟内企业之间的合作很容易陷入困境。主要原因是企业之间的信任度不够、未来战略不一致、企业之间竞争。链式企业之间往往缺乏足够的信任，需要企业之间长期的合作和良性互动才可以建立较为稳定的信任机制。

处于不同环节的联盟企业对各自的未来战略规划有较大差异，对市场前景有不同的预期，对联盟的重视程度也会影响企业在所处领域的投入。同时，企业业务多元化会导致企业之间的竞争关系对联盟内部合作产生较大影响，处于上游的企业在与下游企业合作时候，可能会与其他具有交叉市场领域的下游企业之间存在合作关系，由此导致不同产业的下游企业之间的竞争。

因此，开展链式突破需要解决企业之间的合作机制问题。建立信任机制被认为是避免合作伙伴采取机会主义行为的有效措施，相互信任是企业之间持久合作的基础。企业之间的信任包括基于知识的信任和基于威慑的信任，基于知识的信任是企业之间在相互交流的基础上建立一系列公平的准则，基于威慑的信任是建立在功利主义层面，使企业相信合作伙伴不会因为高昂的代价而背叛联盟。要保持企业之间的长期合作，需要建立企业之间稳定的信任机制。组织间的信任通常被认为是两个组织中个人之间信任的聚集。由于信息的不充分，链式战略联盟企业之间往往缺乏足够的信任，建立在联盟伙伴之间的个人层面的信任、尊重和友谊基础上的关系资本是链式战略联盟获得成功的关键。

从日韩产业基础的发展来看，关系资本是产业链上中下游长期良性互动的重要方式之一。构建企业间关系资本可以采用强制措施和引导措施，强制措施主要指采用法律法规等方式对企业进行约束，引导措施指通过积极的方式去引导企业间持续加深合作交流。以日本为例，在强制措施方面，日本为了保护与大企业进行合作的小企业的利益，颁布了《防止延迟支付分包费法》，以防止大企业对合作义务的拒不履行，限制大企业利用市场主体地位压缩中小企业的生存空间。在引导措施方面，主要从鼓励企业长期合作、促进企业信息交流、建立企业战略联盟等方面展开，如日本联合丰田、本田、日本开发银行等 11 家企业建立氢能源联盟——Japan H2 Mobility（JHMy），通过政府牵头，联合创建世界上第一个包含基础设施开发商、汽车制造商、投资者的合作框架，以完成日本在加氢站部署和运营方面的战略目标。

上下游企业之间还需要解决合作关系稳定性、企业能力差异等方面的问题。合作伙伴关系的稳定性是链式联盟存在时间长短的关键因素，企业之间在进行合作时往往会有商业秘密方面的考量，双方之间的不信任会降低链式联盟的效率。产业链供应链不同环节的企业之间存在能力差异，经营领域异质性使得各自战略方向有较大偏差，所拥有的技术、资源、设备、人才等能力积累往往差异较大，不了解对方领域，在进行协同研发时难以跨越技术壁垒，并且企业间的能力差异也导致研发投入与后续收益不对称。

7.3.5　市场需求引导

加强基础产品和技术的突破与市场需求间的衔接，以市场需求为引导，提高产业链供应链上游企业对市场变化的反应速度，促进终端企业与上游企业之间的信息融通，适时传递市场变化，把握行业前沿动态，提高对细分领域的了解，研究产业内部不同产品应用领域间的差异，根据市场需求的大小有针对性地制定突破方案，摆脱"实验室创新"。

对于市场规模大、重要性程度高的基础产品和技术，集中力量率先突破，在取得关键性成果后快速实现产业化，政府加大对产业和企业的支持，企业加大市场宣传和产品应用的投入力度，迅速占领市场，争取在市场格局尚未完全固化时成为该领域头部企业，并努力成为全球范围内具有高知名度、高附加价值、高技术水平的行业龙头。以宁德时代为例，该企业于 2011 年正式成立，当时新能源汽车产业在我国尚处于试点推进阶段，工信部 2011 年汽车工业经济情况统计显示，当时列入《节能与新能源汽车示范推广应用工程推荐车型目录》的 361 种车型共生产了 12784 辆。在新能源汽车市场尚未成形的时候，宁德时代便率先投入新能源汽车电池领域，并在 2012 年与宝马集团开展战略合作，2013 年为宇通客车提供动力电池。在国家大力支持和新能源汽车产业迅速发展的背景下，宁德时代很快便成长为全球动力电池领域的龙头。根据全球可再生能源行业的市场研究机构 SNE research 于 2023 年 1 月发布的统计显示，2022 年全球动力电池总装车量（EV、PHEV、HEV）为 517.9 GWh，宁德时代以 191.6 GWh、37%的占有率成为全球新能源汽车电池领域的龙头，与比亚迪、国轩高科、中创新航等在内的多家中国企业占该领域全球市场份额的比例超过 60%。

而对于市场规模小、重要性程度高的基础产品和技术，可以建立国内供应商备案计划，先支持具有一定基础的企业开展攻关，以小规模应用在市场站稳脚跟，保持企业在该领域内能够有一定的跟随能力，对行业前沿有一定的掌控，并逐步扩大市场应用。如半导体材料——光刻胶，半导体生产所需材料类型众多，相比于半导体市场而言，光刻胶的市场规模较小，但在半导体的生产中起到不可缺少的关键作用，研发和产业化门槛高，在分辨率、对比度、敏感度、黏滞性、黏附性、抗蚀性等方面具有极高的要求，属于"小而核心"的基础产品，并且全球大部分光刻胶被日本、美国企业垄断，我国企业只占较小份额。南大光电是我国光刻胶领域的领先企业，具有较强的技术能力，2017 年承接国家"02-专项"高分辨率光刻胶产品关键技术的研究项目，2021 年通过验收，分别于 2019 年和 2020

年在宁波市建成两条光刻胶生产线，总产能达到 25 吨/年。2020 年底和 2021 年 5 月，南大光电的 193 nm ArF 光刻胶先后通过存储和逻辑两家芯片制造企业的验证，成为国内首个通过验证的 ArF 光刻胶产品，ArF 光刻胶研发和产业化取得关键性突破，被列为国家攻克"卡脖子"工程的标杆。目前以南大光电为代表的一批国内企业正逐步有序地进行光刻胶领域的技术攻关，国内市场份额稳步提高。

7.3.6 深化链上企业融通合作

完善"首台套/首批次"政策，支持核心基础零部件（元器件）、先进基础工艺、关键基础材料推广应用，重点扶持对符合国民经济发展要求、代表先进技术发展方向、首次投向市场、暂不具备市场竞争力，但具有较大市场潜力和产业带动作用的产品。引导研制企业所开发出来的基础产品拥有自主知识产权，突破关键核心技术。要求以下游企业需求为中心，确保新装备能够实现销售。加强产业链上中下游深度合作，调动企业、行业协会、研究机构等各类市场主体参与"首台套/首批次"基础产品的应用推广，建立分工有效、利益共享、行动一致的基础与整机主机协作机制，推动终端企业增强综合创新能力，带动上游零部件企业同步发展。

补好现有产业链供应链断点，探索新技术对制造业革新的方向引导作用，促进基础领域企业价值扩大化，以数据服务、信息服务、解决方案提升设备附加价值，以基础产品为载体创造服务价值。例如，运用人工智能手段开展备品备件故障预警。

在关键环节积极加大与国外企业的联系，坚持扩大开放，促进我国超大规模市场和国际市场的深度融合，加深我国产业与全球经济的嵌入程度，提升我国在全球产业链价值链的地位，锁紧国际产业链供应链对中国的依存关系。

加快地区特色基础产品企业集群建设，与产业匹配度高的地区共建高水平产业链群，畅通地方产业链。加快地区之间产业融合发展，平衡各方产业优势，强化区域之间的产业协作，鼓励有能力的产业密集地区加快构建标志性产业基础示范区，加强区域产业链供应链上中下游企业在技术、市场、应用层面的联动，提高产业循环能力。

7.3.7　政策持续支持

发挥政府引导的关键作用，实行地方政府牵头、龙头企业主导、配套企业跟随的产业协作模式，实施链长制产业推进制度，通过地方政府主要负责人担任链长，由省、市领导挂帅，每人负责一条产业链，利用政府负责人综合协调优势，在更高层面保障产业的完善与发展，链接工信、科技、财政部门，统一目标，根据地方实际制定产业发展政策，绘制区域产业图谱，积极开展招商引资工作弥补本地不足，统筹协调产业链供应链企业行动，为企业提供人才引进、技术创新、信息支持等帮助。建立政企沟通渠道，解决链上关键企业无法独立解决的发展难题，定期组织开展企业沟通交流活动或论坛。

通过由地方工业和信息化主管部门主导，财政部门协调落实，做好政策解释和宣传工作，组织开展装备制造业和保险公司的项目对接。围绕国家《首台（套）重大技术装备推广应用指导目录》，支持龙头企业加大技术创新力度，开发能够实现国产化替代的大型高端技术装备，支持企业申请认定"首台套"重大技术装备，加大"首台套"奖励力度。在重大关键领域优先采购国产"首台套"先进装备，国央企优先购买国产装备，对使用"首台套"装备的企业给予一定程度的税收减免。利用财政资金杠杆作用，发挥财政扶持的放大效应，通过财政资金补贴，引导装备制造企业投保，打造制造企业与保险公司的合作平台，鼓励保险公司推出符合先进制造企业需求的保险工具，实现企业与保险公司的有效衔接，构建制造企业与金融市场合作的新范式和稳定的重大技术装备风险防控机制，加快"首台套"重大技术装备推广应用。

链式突破的实施路径，如图 7-1 所示。

识别薄弱短板	→	识别短板所在，分级分类逐层突破	→	解决短板的识别问题
强化共性技术创新	→	建设新型研发机构，以企业为主体，推动完善共性技术创新体系	→	解决创新的机制问题
大中小企业协同创新	→	推动中小企业专精特新发展，促进产业资源与信息共享，构建产业链协同机构，发挥龙头企业的牵引作用	→	解决大中小企业的协同创新问题
建立信任机制	→	建立链式联盟，构建关系资本，破除企业之间的不信任，提高上下游合作稳定性	→	解决企业的信任问题
市场需求引导	→	以市场需求为引导，促进终端企业与上游企业之间的信息融通，有针对性的制定突破方案，摆脱"实验室创新"	→	解决市场的需求问题
深化链上企业融通合作	→	加强产业链上中下游合作力度，推动整机与零部件同步发展，补齐产业链"断点"，挖掘产品价值再创造可能，进一步扩大开放，与国际产业链深度融合，加快产业集群建设，促进产业链区域畅通循环	→	解决国内外链上企业的合作方式问题
政策持续支持	→	发挥政府引导关键作用，实施"链长制"产业推进制度，提高财政金融支持力度，围绕国家《首台（套）重大技术装备推广应用指导目录》，加大"首台套"奖励力度	→	解决政府的角色问题

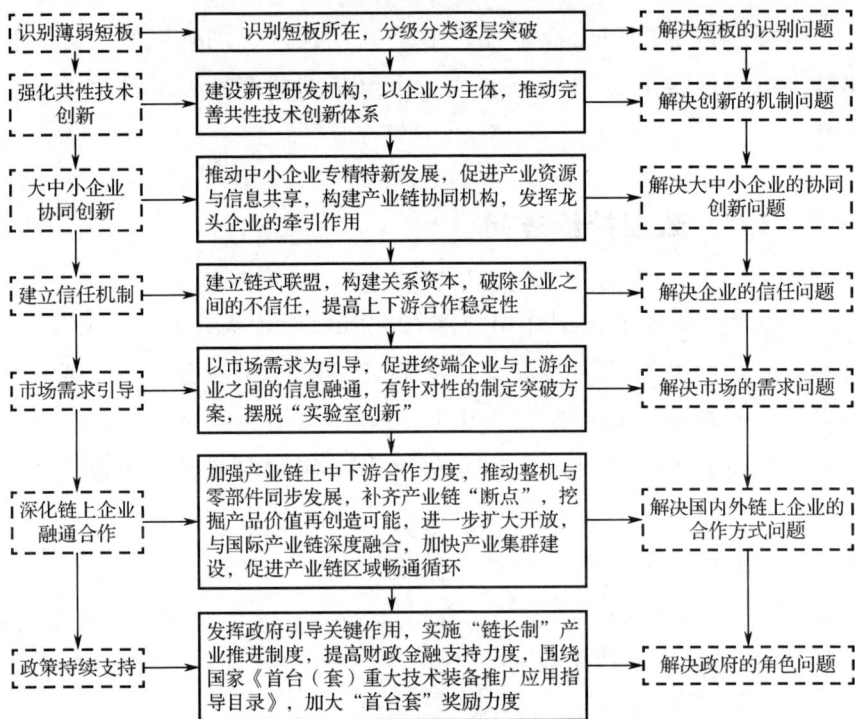

图 7-1 链式突破的实施路径

7.4 "一条龙"实践验证

7.4.1 基本情况

2016 年《工业强基工程实施指南（2016—2020 年）》中明确提出的"一条龙"应用计划（简称："一条龙"），就是按照链式突破理论开展的典型实践应用，以需求为牵引，以产业基础领域重点产品的技术突破和迭代应用为目标，组织了该产品产业链供应链中的重点高校和科研院所、产品研制企业、材料开发企业、先进工艺研发企业、平台服务类企业、下游应用企业，联合开发与完善产品与技术，实现自主基础产品和技术的规模化生产与应用。

高压油泵、多路阀、马达是典型的液压元件，是决定工程机械、航空航天和冶金机械等整机装备性能的关键零部件，三大类产品严重依赖进口。工程机械是最大的下游应用市场，挖掘机总成本的三分之一就是液压元件。工程机械高压油泵、多路阀、马达作为"一条龙"的首批实施方案，快速实现了国产中大型挖掘机自主化液压部件的批量生产，推进了液压企业与挖掘机企业的技术和产品互动，提高了国内龙头工程机械企业的国际话语权，摆脱了挖掘机组装式中低端生产、受制于川崎等企业零部件总成供应和供货周期超长的不利局面，为我国中大型挖掘机开拓国内外市场提供了坚实保障。

7.4.2 实施方案

（1）集中产业链供应链上中下游企业和研发机构

按照高压油泵、多路阀、马达产品属性与研发现状，按照产业链供应链上中下游企业分析确定各类产品和功能的实施主体。

按照上中下游分工，该"一条龙"共包括九类企业，高品质铸件企业为大连远景铸造有限公司、中航力源液压股份有限公司、青州海盾液压机械有限公司；高性能弹簧和密封件企业为杭州弹簧有限公司、安徽库伯密封技术有限公司；材料热处理和表面处理企业为江苏恒立液压股份有限公司、烟台艾迪液压科技有限公司；阀杆及阀芯硬度控制企业为江苏恒立液压股份有限公司；关键零部件加工企业为江苏恒立液压股份有限公司、青岛力克川液压机械有限公司、山东泰丰智能控制有限公司；控制技术研发企业为江苏国瑞液压机械有限公司、山东泰丰智能控制有限公司；公共服务类机构为北京机械工业自动化研究所、大连远景铸造有限公司、中航力源液压股份有限公司；整机主机应用企业：徐工集团工程机械股份有限公司、山东临工工程机械有限公司、国机重工集团常林有限公司。企业涵盖了材料、零部件、共性技术研究、试验验证、整机主机共14家企业，均为国内相关领域的技术领先企业。

（2）组建创新和市场化联合体

立足于培养自主研发创新能力，组建多个机构联合的高端液压元件研发、制造、测试、装机应用产研用协同创新研发平台，从产业链供应链出发密切产品的协同研发合作。其中，徐工集团与大连远景铸造有限公司、中航力源液压股份有限公司、国机集团所属广州机械院等公司组建了一支涵盖整机需求分析与应用、系统及元件设计、核心基础零部件制造、质量检测及控制、试验验证等环节的高端液压元件研发团队，重点攻克工程机械行业高端液压、传动及控制零部件"空心化"难题，支撑产品智能化，推动制造业转型升级。

以产业化联盟方式，组建联合体，产业链供应链企业开展上下游分工合作，发挥各自在零部件、整机方面的优势，优先在最终产品中应用示范。如山东临工工程机械有限公司、山东泰丰智能控制有限公司及大连远景铸造有限公司成立了产业化联盟，山东泰丰智能控制有限公司负责开式轴向柱塞双泵产品的研发、生产及产业化，大连远景铸造有限公司负责开式轴向柱塞双泵产品壳体、壳体盖、阀体等铸件的研发及铸件毛坯的供应，山东临工工程机械有限公司承担开式轴向柱塞双泵产品装挖掘机工况考核及批量使用。

（3）加强标准研制，推动产品标准化

基础零部件在研发突破后只有通过标准化才能大规模推广应用，标准是提高产品质量和提升下游整机主机用户信任的关键。通过制定可靠性标准带动高端液压件的推广应用，并逐步走向国际化并成为国际化的通行证。如北京机械工业自动化研究所依托全国液压气动标准化技术委员会秘书处，开展液压泵、液压缸、液压阀、液压马达等液压元件可靠性评估方法的标准研制工作，主要包括"液压传动溢流阀可靠性评估方法"和"液压泵可靠性评估方法"两项标准。杭州弹簧有限公司牵头开展了《高应力液压件圆柱螺旋压缩弹簧技术条件》国家标准编制。

（4）主机整机应用场景供给

高端液压件首先需要在下游挖掘机企业开展试验验证，通过试验验证结果进行分析反馈，生产制造企业根据反馈结果进行设计变更和生产参数调整，以确保液压件的高可靠性，以及提高在挖掘机中运行的适配性。由于整个工程机械液压件市场供不应求，国内整机企业订货周期超过半年，而液压件的配套能力直接决定了整机产品的销量，这种环境下，就为国产液压件企业进入配套供应渠道提供了机会。

江苏恒立液压股份有限公司立足于传统工程机械油缸产品的高质量信誉，以小吨位挖掘机多路阀研制为突破点，三一重工提供挖掘机作为试验验证场景，大幅缩短了从研制到应用的周期，实现批量化推广应用，覆盖了 15 吨及以下产品系列，企业研发的 20—30 吨级中大型挖掘机用 HVME270 整体式液压多路阀（额定压力 35Mpa）、V90N135 柱塞双联变量泵（额定压力 35Mpa）和 HM5X130 回转马达（额定压力 32Mpa）等产品全部通过厂内各项试验，已在三一重工 20 吨级挖掘机上小批量配套，并开始在徐工、柳工等整机企业试装验证。

7.4.3　实施效果

在"一条龙"的推动下，液压件生产企业与主机企业在 20 吨级挖掘机上实现泵、阀、行走马达的批量配套。液压泵、多路阀、行走马达供货超过 6500 台，装机工作时间超过 7000 小时，使用效果良好，达到进口产品水平，打破了国外高端液压件长期垄断国内挖掘机市场的局面。20 吨级挖掘机主泵，控制阀，行走马达实现批量配套供应，液压泵供货超过 3000 台，装机工作时间已达 3000 小时，多路阀供货超过 2000 台，装机工作时间超过 2000 小时，行走马达供货超过 1500 台，装机工作时间也超过 2000 小时。在适用于 30-50 吨级挖掘机的液压件方面，2018 年实现了小批量装机试验，时间都已经超过 2000 小时，各项性能指标符合设计要求。

第 8 章

链式改造

以智能化技术和绿色化技术赋能提高基础产品附加值，实现产业链上中下游数据贯通，通过新技术新产品的研发应用与迭代升级、逐层逐步有序开展链式改造，加强新模式新业态创新，强化政策联动支持，整体提升产业基础领域技术水平、创新水平、服务水平、智能水平和绿色化水平，是产业基础能力提升的重要一环。

8.1 基本内涵与特征

8.1.1 基本内涵

技术改造是企业维持生命活力和动力永恒不变的主题。只要有新技术的外在推动和降本增利的内生需求，就必然会带动一大批企业实施技术改造，走向高质量发展的道路。

近年来，国内外经济形势发生剧烈变化，一些新问题、新情况对我国制造业发展提出了新的要求。我国经济发展进入新常态，传统技术改造关注量的增长，已不能满足人民日益提高的生活需求。在这一新常态下，必须从供给侧角度赋予技术改造新的内涵，从产能扩张向提供高质量基础产品和服务供给转变，从支持生产制造向支持研发、试验验证、制造和服务转变，从单一产品改造向整个产业链配套改造转变。

链式改造，又称链式技术改造，指围绕产业链开展智能化、绿色化技术改造，发挥产业链内整机主机产品的引领作用，推动基础产品与技术的自主化与迭代升级，提高基础产品附加值，推动基础领域企业通过专业分工、服务外包、订单生产等多种方式融入技术改造链，实现基础产品向智能产品绿色产品转变的过程，最终形成产业链供应链体系内的基础产品与整机主机产品融通发展新格局。

链式改造应以提升整个产业链创新能力、发展质量、协同效率为目的，以基础领域企业智能化绿色化改造、新产品和技术研发与迭代、新业态新模式应用为重点方向，按照市场发展规律，发挥下游整机主机企业带动作用，发挥专精特新"小巨人"企业的引领示范作用，加快从规模扩张向质量发展转变、从以加工制造为主向研发试验验证并重转变、从重视制造向提升产品附加值转变，实现基础领域高质量发展。

链式改造的主要内容包括鼓励基础领域企业推进新技术、新产品的研发和迭代，加速专精特新产品的研发进程；支持建设和完善产业链标准体系（标准池）和共性技术创新体系；加快发展新业态新模式，由整机主机企业率先带动基础领域企业开展服务外包和业务协作，推动市场竞争逐步从企业个体竞争向产业链竞争转变。链式改造直接或间接集中社会资金进行资源配置，解决经济结构中存在的短板和重大问题，是实施国家产业政策和支持实体经济发展的重要工具，是走向高质量发展的强大助力。

8.1.2　主要特征

根据各地方和企业的链式改造经验，根据技术发展变化趋势，结合链式改造的内涵和目的，总结得出链式改造的三个特征：一是链式改造以产业链和产业集群为改造对象，二是链式改造以智能化和绿色化技术为改造手段，三是链式改造以高质量发展为改造目标。

（1）以产业链和产业集群为改造对象

技术改造的对象主要可以分为单机设备、生产线、制造工厂、企业、产业链和产业集群等。随着产业分工的持续深入，国际产业竞争的本质已经从产品竞争、企业竞争逐渐向产业链和产业集群的竞争转变，不论基础领域还是整机领域，单一主体的优劣都将影响到整个产业链的稳定和韧性。因此，在实施链式改造的过程中，应围绕重点主机整机产品产业链和基础领域产业集群，大力发展产业链改造、产业集群改造、共享制造，鼓励产业链内企业通过数字化技术、网络化技术、智能化技术开展创新能力提升和技术、供应链的协同协作，围绕产业链开展技术产品和服务的升级改造。同时要在基础领域产业集群中，支持专精特新"小巨人"企业和冠军企业，开展新一代技术改造探索与示范，提升专精特新核心竞争力，并形成中小企业智能化绿色化解决方案。

围绕产业链和产业集群的技术改造，使企业由物理空间、产品空间聚集向化学融合转变，使产业链上中下游企业成为一个有机整体，使产业集群内企业数据共享、制造共享、服务共享。在产业链技术改造中，核心是抓住龙头企业与中小企业两大主体，以龙头企业拉动中小企业向规模化、集群化、专业化、智能化、高端化方向发展。龙头企业通过专业分工、服务外包、订单生产等方式，以下游整机主机企业产品质量标准和数据标准为依据，加强与中小企业的信息交流、协作配套，向中小企业提供技术、人才、设备、资金，带动中小企业实施精益生产管理、开展数字化网络化智能化建设，进而将开发数据、生产数据、质量数据与上游企业联动，实现研发协同和生产协同。促进龙头企业与中小企业的技术人才交流。重视知识溢出，支持龙头企业围绕产业链搭建企业交流平台，促进龙头企业和中小企业间的技术交流和研发设计协同。在集群式改造中，将中小企业集聚区作为技术改造的整体，推动集群内骨干企业开展智能化绿色化知识溢出。建设专业特色化解决方案集成商，打造统一数据共享平台，实现数据采集流通，建设公共服务平台与共性技术服务平台，开展共性技术协同研发，逐步向基础领域产品的技术迭代辐射，提高产品附加值。

从我国专精特新企业布局来看，产业基础领域占比超过 50%，作为基础领域企业的佼佼者，掌握关键零部件（元器件）、关键基础材料和工业软件领域核心技术的专精特新"小巨人"企业往往是产业链的真正幕后控制者，德国经济长盛不衰的关键就在于拥有大量的中小型隐形冠军企业。在实施链式改造的过程中，也要以基础领域企业作为改造重点，支持各类基础领域企业开展新模式、新业态、新产品的创新，充分利用互联网平台，为基础领域企业提供共性技术。尤其是要支持一批基础领域企业通过智能化绿色化技术改造成为专精特新"小巨人"企业，并通过核心竞争力建设，扩大专利池，提升企业专注力，成为世界冠军企业。

（2）以智能化和绿色化技术为改造手段

新一代信息技术，特别是新一代人工智能技术与制造业深度融合，将为制造业的效率提升和价值创造带来新的机遇，形成革命性变化。智能化是链式改造的重要手段，工业软件和数据成为技术改造新的支撑手段，新型基础设施提供了技术改造新的联通手段；绿色化是链式改造的重要支撑，是资源高效、清洁、低碳、循环利用的有效方法，支持产业链或产业体系长期可持续发展。

人工智能、量子通信等新技术正在积聚力量，颠覆性技术的涌现开始推动产品迭代速度不断加快，正在推动产品、生产和服务的全方位升级，带来产业形态和模式的根本性变革。一是产品的数字化、网络化、智能化形态基本构成，个性化差异化趋势逐渐清晰，智能产品拓宽了产品的功能边界，如消费领域的智能手机、可穿戴设备、智能家电、智能家居，工业领域的智能机器人、智能专用设备以及新型传感器、视觉识别装置等组件。二是生产制造平台化，数据采集挖掘，以及智能装备的互联互通，促进了离散工业的流程化，使得制造业的柔性化水平进一步提高，同时为企业的经营决策提供重要的决策支撑。三是创新设计与生产制造的协同化、联动能力提升，研发设计部门通过智能装备对生产数据的采集、处理以及反馈，有效提高了企业的研发效率，提高资源要素的配置效率。可视化、虚拟化手段使研发设计与生产的紧密程度更高，同时消费者的参与，提高了产品销售的满意度。四是企业信息化管理水平迈向新的发展阶段，不同层面的数据和信息可通过高速网络便捷传递，形成企业中央数据中心和决策系统，企业组织进一步扁平化、模块化，企业管理体系得到重塑。

社会经济飞速发展的同时，地球人口剧增、化石能源焚烧等因素，环境问题日益严峻，带来大气环境污染、海洋生态环境恶化、森林资源锐减、土地条件遭到破坏等一系列严峻问题。"绿水青山就是金山银山"，生态环境是人类生存和可持续发展的根基，走绿色发展道路，保护生态环境，人类社会经济发展才能高效，人类文明才能延续。工业是造成环境污染的主要来源之一，从工业入手解决环境问题，采取绿色流程工业设计、绿色化生产技术改造等先进技术手段，实施健全的产品全生命周期的绿色管理等一系列先进管理方法，是实现绿色化、保护生态环境的有效途径。绿色化是我国现代化产业体系的重要组成部分，是新时代升级我国经济发展硬实力的机遇和挑战。

以智能化绿色化充分应对新技术对制造业带来的冲击和影响，在链式改造过程中注重智能化、绿色化，积极开展新技术的应用，通过新一代信息技术和人工智能技术和绿色制造技术改造制造业、提升制造业，同时推进国产智能装备、节能装备的应用，鼓励企业使用"首台套"装备。

（3）以高质量发展为改造目标

传统技术改造的规模扩张已经不能适应当今的生产需要，在实施链式改造的过程中，不是以规模扩张为改造目标，而是着力提升产业链整体发展质量，围绕产业基础领域，实施全面质量管理、技术研发协同、产品技术赋能，融合产业链供应链与创新链。只有基础领域企业成功迈向高质量发展，才有可能带动整个产业链、产业集群走向高质量发展的道路，具备完善的研发体系和质量管理体系。

　　链式改造要培养基础领域企业树立"质量第一"的发展理念，追求"高品质、高可靠性、高稳定性"发展。切实提升基础产品可靠性稳定性水平，将自主品牌建设放在首位，以产品高质量发展带动企业，将基础产品逐渐转化为基础品牌，实现丰厚的品牌溢价。引导基础领域企业形成一批具有自主知识产权的核心技术，建立完善自主知识产权体系。提高基础领域企业劳动生产率，实施全价值链体系化精益管理，通过产业和产品不断优化、升级，提高资本的有机构成。鼓励企业应用先进生产技术装备。

　　链式改造要将企业智能化绿色化赋能作为重要任务，支持制造企业数字化，拓展企业盈利空间，提升价值链总体盈利水平。鼓励基础领域企业提升劳动力质量水平，根据技术改造情况优化人力资源配置，提升高层次技术人才和专业技能人员的占比。推动企业面向产品和装备的全生命周期，开展基于互联网的故障预警、质量诊断、预测性维护、远程智能管理等在线增值服务。通过大数据的深化应用，推动基础领域产品技术向智能产品、绿色产品转型升级，提高产品附加值。

8.2　改造主线

　　链式改造以产业链和产业集群为改造对象，鼓励整机主机企业发挥带动引领作用，围绕基础产品与技术实施创新升级，是推动产业基础高级化的有效方法。一是智能化改造，提高生产效率，帮助基础领域企业降本增利，为链式改造提供原动力；二是绿色化改造，指明发展目标和方向，为基础领域发展提供可持续性。智能化改造与绿色化改造二者缺一不可，是不断增强产业综合实力、推动产业基础高级化、提高我国基础产品和技术国际竞争力的动力源泉。

8.2.1　智能化改造

智能化改造指在生产和服务的各个环节融入自动化、智能化、现代化信息技术管理方法，切实提高产品质量和经济效益。与此同时，以整机主机企业为主导，以进一步降低成本、提高效益为目标，与高校、科研院所形成联动进行智能化改造，充分利用现代化手段促进产业形成链条、形成集聚区，由点到链、由链到面，逐步实现基础领域产业升级。去除过剩的低端产能，为基础领域产品和服务提供良好的发展环境，通过智能化改造促进产品与服务向产业链中上游集中，创造新的竞争优势。

工业软件和数据成为智能化改造新的支撑手段。工业软件具有分析、计划、配置、分工等功能，能够从机器、车间、工厂层面提升企业生产效率、促进资源配置优化、提升生产线协同水平。现代制造业已经是一个由高性能硬件、实际生产和虚拟网络、工业软件相互叠加的新型制造系统，未来所有产品的研发、设计、生产制造、销售服务等各环节都离不开工业软件定义、编码和封装。同时，数据成为像土地和矿产一样重要的战略资源，数据产品成为像物理产品一样重要的企业制造产出。制造业产品的全生命周期都会产生大量的结构化和非结构化数据，形成具有多源异构、多尺度、不确定、高噪声等特征的制造业大数据。而如何有效挖掘和利用数据的价值已成为智能化改造的重要方向。

发展工业软件和加快数据采集、分析、应用是智能化改造的重要手段，也是提升企业竞争力的重要抓手，将大幅度提高基础领域企业的生产效率，改变产业的生产面貌。一是要支持应用类工业软件和 APP 的设计，鼓励基础领域企业应用国产化工业软件和 APP，支持软件的模块化发展。二是结合智能装备，加快数据采集、应用和分析的布局，支持企业或行业建立专业数据库，探索开展数据深度分析。

新型基础设施为智能化改造提供新的联通手段。中央经济工作会议提出加快 5G 商用步伐，加强人工智能、工业互联网、物联网等新型基础设施建设。这些新型基础设施建设是实现制造业企业内部，以及产业链和供应链互联互通的必要条件。有了强大的联通手段，数据的充分流动将带动一系列的科技产业化，数据的价值将得到更大发挥，异地化生产、网络化协同、虚拟制造等生产模式和组织模式将成为未来基础领域产业的一个重要变化，必将大大推动新的经济动能和传统实体经济的数字化转型。完善新型基础设施将是未来一段时间我国经济内生增长的重要支撑。

更加要注意的是，对于基础领域企业，尤其是对于基础领域的中小企业，其数据具有一定的公共产品属性，其数据采集、存储和传输是产业数字化的重要一环，也是我国社会经济转型的重大需求，数字经济战略的实施离不开这些数据的贡献，只有打通这些企业数据的"最后一公里"，我国产业链供应链数据才能够真正产生价值、创造价值。

8.2.2　绿色化改造

绿色化改造是链式改造的另一条主线，从绿色制造体系构建的角度出发，实现资源综合利用、生产过程清洁化。绿色化改造主要包括资源能源的清洁、高效、低碳、循环改造，包括绿色流程工业设计、能源信息化集中管理、绿色化生产数据中心等先进技术装备的推广应用；高能耗行业节能，高水耗行业节水，高污染行业防污技术改造等。以低碳标准为引领，以绿色化改造为重点，从产业链整机主机企业开始，围绕提升工业资源利用效率、能源利用效率、清洁生产水平三个目标，加强节能节水技术、环保工艺和装备的推广应用，健全产品全生命周期的绿色管理，为构建清洁低碳可循环可持续发展的产业链供应链奠定基础。

其中，资源综合利用的途径可以包括：大宗工业固废资源综合利用、钢铁企业粉尘固废回收锌铁、蓄电池回收利用、废旧汽车船舶和工程机械等废旧机电产品及零部件再利用、再制造生产工艺的推广应用、余热和余压等二次资源的高效回收利用、非常规水利用等。生产过程清洁化的途径可以包括：清洁绿色生产技术的研发和推广应用、以源头消减污染物产生量为目标的清洁生产技术改造、烟气净化系统改造；废水废液深度清洁和二次利用、药渣菌渣无害化处理和综合利用技术的研发和推广应用等。

我国资源和生态环境约束已经日益趋紧。2022 年，中国进口石油量超过 5 亿吨，进口依存度 71.2%，环境保护对经济可持续发展的重要性已成为全社会共识，制造企业环保压力仍在增大。资源、土地、生态环境约束对链式改造带来重大挑战，其约束性将越来越强是基础产业发展所面临的一个无法回避的矛盾，要素大规模、高强度投入的条件正在发生明显变化。一方面东中部地区链式改造必须探索"零土地"技术改造、"高亩产值"技术改造、"绿色化"技术改造等方式；另一方面基础领域企业必须调整发展思路，从量变向质变发展，建立基于技术驱动性的技术改造新方法，按照"资源—产品—再生资源—再生产品"循环经济过程，探索集约和节约式技术改造。

8.3　推进路径

链式改造应以提升可靠性和稳定性、提升生产过程安全性、节省劳动力成本、避免人为误差、提高效率和成品率、提升企业核心竞争力为目的，关注产业基础领域新技术、新业态、新模式、新材料的应用，淘汰落后产能，提供高质量产品和服务供给；支持产品的研发、试验验证、生产制造、售后服务和产品结构调整的总体改造，着重支持试验验证平台的体系建设；支持整个产业链从材料、零部件到整机的配套改造，鼓励基础领域企业专注于核心基础零部件（元器件）、关键基础材料、先进基础工艺的技术改造；支持短板环节的改造提升；支持服务型和轻资产企业在提高制造业专业化水平基础上，开展服务外包、金融租赁、工程服务等新业务。

8.3.1　以新技术、新产品的研发应用与迭代为牵引推动基础领域产业链提升核心竞争力

新技术的研发应用与迭代是产业链提升核心竞争力、增强国际话语权的硬件，其目的在于使企业在不断变化的市场竞争中获取技术优势。因此，链式改造应支持企业研发应用新技术、开发新产品，建立以企业为主体的新技术、新产品应用与迭代新机制，着重从局部改造逐步向产业链供应链整体改造演进。

链式改造以基础领域企业研发应用新技术、开发新产品为起点，逐步将创新成果应用于产业链供应链整体，并实现自我迭代。企业要以为用户不断迭代推出更好的产品为使命，而新产品离不开新技术的研发和应用。一是鼓励企业加快新产品的研发和落后产品的淘汰，不断缩短新产品的开发周期，推动企业寻找新的技术来源，开发出更多满足市场需求的产品，实现新产品和新消费需求的良性互动，同时实现新产品的高效节能环保。二是集中攻克一批关键核心共性技术，加快先进技术的产业化应用，提高技术标准研究制定水平，促进技术创新能力提升，提高产业链整体技术水平。三是加强研发设计、试验检测、小试中试等公共服务平台升级改造，强化知识产权保护。

在企业研发创新的基础上，从局部新技术应用向整体技术改造逐渐演进，由"点"到"链"，整体提升产业链供应链技术水平，增强产业链供应链技术的自主性和可靠性。由于技术的导入是一个循序渐进的过程，企业技术改造具备渗透式、叠加式的渐进型发展特征，是一个由量变到质变、由局部到整体的动态演进过程。基础领域企业实施技术改造，往往是在某一个制造单元优先进行技术改造，实现小范围的技术应用和数字化改造。其后推进到生产线环节，在先进制造技术支撑下，通过网络技术的应用，使得各个制造单元互联互通，实现整线技术改造。最后，是整个工厂的技术改造，包括

产线、管理、物流等多个环节。

推进检测检验和试验验证平台建设，支持一批产业基础领域重点行业和重点企业建设检测检验和试验验证平台。在节能与新能源汽车、轨道交通、仪器仪表（传感器）、民生产业等领域和行业，支持整机主机企业或者第三方机构建设行业级检测检验和试验验证平台。突破基础领域检测检验和试验验证平台共性技术，一是人工智能相关技术，二是仪器仪表和传感器相关技术，三是云计算与大数据基础技术，四是工业软件、平台工具，促进工业知识与数据分析方法深度融合创新。支持应用类工业软件和 APP，提供工业软件服务测试、数据管理、分析、算法和模型测试服务，以及平台应用集成服务。打造试验验证良好生态，构建检测检验和试验验证平台标准体系。围绕产业基础领域开展试验验证平台的标准体系建设，完善平台功能参考架构，加快共性技术标准研制，支持行业应用标准制定。加快基础领域标准建设，形成一批基础共性标准、技术性能标准、行业应用标准及安全保障标准。组织开展标准试验验证工作，促进标准试验验证环境建设、仿真系统及相关测试工具开发与应用。

8.3.2　逐层逐步有序推进基础领域开展链式改造

链式改造要充分结合技术和经济演进规律，走数字化网络化智能化绿色化梯次推进、逐步实施的道路。

链式改造是一个长期的过程，不能一蹴而就，我国大多数基础领域中小企业还处于从第二次工业革命向数字化制造迈进的阶段，还没有完成数字化制造转型。基础领域广大中小企业在实施智能制造、绿色制造时一定要按照逐层推进的方式，从迫切需求的局部开始，围绕智能制造制定企业技术改造方案，用 5-10 年时间逐步实现。首要是以保障产品高质量供给为目标引入数字化技术。根据企业自身生产工艺,通过数字化技术打通产品的"仿真—分析—验证—改进"设计制造链条，缩短产品设计周期，同时也提高了产品研发生产效率。通过导入先进的分析技术，实现了电磁、热、流体、结构、噪声等多物理场的耦合分析和验证，并且在基础产品的仿真分析、生产制造、工艺工装、测试评价、质量控制等多方面进行深入研究，进而解决产品设计生产的潜在风险。

以基础领域企业为起点，积极探索以"人工智能与先进制造技术深度融合"为特征的新一代智能制造方向。在推进过程中对支持重点做适度调整，从支持企业发展转向更多支持产品、生产、服务等各环节技术改造智能升级过程中的共性技术研发和标准制修订，打造人工智能与先进制造技术深度融合的良好业态环境。

整机主机企业在协作引领、产品辐射、技术示范、知识输出和营销网络等方面发挥着核心作用，在链式改造中承担着模范引导的角色。加快整机主机企业新技术应用，形成行业引领地位，鼓励整机主机企业开展新技术开发研究与工程化产业化应用，培育一批研发基础好、知识产权多、行业带动性强的技术创新示范企业。支持具有自主创新能力、加工水平高、处于行业领先地位的大型整机主机企业开展智能化改造，形成大型整机主机企业为核心的产业集群。支持整机主机企业开展工业领域的资源综合利用，开展节能、节水等项目，积极发展循环经济，研发和应用再制造。加大资源综合化应用力度，发挥整机主机企业在构建循环经济产业链中的重要作用。

以整机主机企业拉动基础领域企业向规模化、集群化、专业化、智能化、高端化方向发展。鼓励整机主机企业通过专业分工、服务外包、订单生产等方式，加强与基础领域企业的信息交流、协作配套，向基础领域企业提供技术、人才、设备、资金，促进基础领域企业实施精益生产管理、开展数字化网络化智能化建设。

促进整机主机企业与基础领域企业的技术人才交流。重视知识溢出，支持整机主机企业围绕产业链搭建企业交流平台，促进整机主机企业和基础领域企业间的技术交流和研发设计协同。基础领域企业可适当吸纳整机主机企业的技术研发人员，特别是一些关键技术的研发人员。增强基础领域企业的吸收能力，基础领域企业要加强对外部知识包括整机主机企业知识溢出的吸收能力，加强知识在企业内部的流动和推广能力，加大对新知识消化的投入。鼓励有条件的企业直接利用互联网、大数据、人工智能等最先进的技术，瞄准高端方向，加快研究、开发、推广、应用新一代智能制造技术。推进先进信息技术和制造技术的深度融合，走出一条以智能化改造为重点推动技术改造的新路。

8.3.3　支持新模式新业态创新拉动链式改造

制造业新模式新业态有利于基础领域企业在产品价值链的高端创造更大价值，而新模式新业态作为创新性的生产模式、组织模式、商业模式，需要技术改造的支撑。首先，制造业新模式新业态的发展有利于促使企业把资源集中于最具有竞争力的环节，把握产业价值链的战略控制点，将非核心环节外包以降低成本，强化核心竞争力、提高收益率。商业模式的差异化能有效增强制造企业的竞争力；消费品制造企业倾向于产品差异化竞争，而装备制造企业更倾向于服务差异化竞争。其次，新模式新业态有利于提升制造业绩效。随着制造业分工细化，需要灵活的、柔性的、小批量多品种的生产制造方式以适应市场需求的变化，商业模式的创新能满足客户对产品个性化定制的要求。在新模式新业态中，制造商发挥商业创新优势，快速响应市场变化和顾客需求；利用服务型制造整合、增值、创新的特点，带动基础领域企业的快速发展，促进制造业形成劳动力专门化、社会化、横向一体化的规模效益，从而带动整个制造业绩效的提升。制造业新模式新业态的发展离不开以工业互联网为核心的新一代信息技术的支撑。在信息技术与制造技术深度融合的基础上，我国陆续出现了电子商务、远程运维、规模定制化生产、网络化协同制造、共享制造、软件定义下的制造等新模式新业态。

着力推动基础领域企业产品服务化升级，企业实施制造业商业模式创新，通过向客户提供全生命周期服务，延长了价值链，增强企业的盈利能力。通过面向客户的服务，使得服务型制造企业向自身核心竞争力回归，在相互协作中增强整体盈利能力，整合创新资源，增强创新能力。企业从单纯的生产加工，转变为向中间客户和

最终客户提供全方位和全生命周期的服务，同时向产品研发和营销
网络渗透，与世界范围内的生产性服务和技术、加工、服务渠道互
相融合。

　　链式改造不局限于单一企业、单一产业链，应从利益相关者入
手，打破企业物理界限，支持以开放、协同的理念开展竞争前技术
研发试验、共性加工处理环节集约升级，发展共享制造。一方面，
以云计算、物联网、大数据等为代表的新一代信息技术的快速发展，
制造企业前端研发设计环节逐渐从单一封闭式研发转向开放型、协
同创新模式；企业更需要探索合理的商业合作，在产业集群内依靠
行业领先企业丰富的技术试验、检验检测经验与技术，向有需要的
企业共享其试验设备和技术，缩短竞争前技术研发周期、降低研发
成本；例如"天使+孵化"模式、开放式创新平台模式、与研发机构
的协同创新模式等。另一方面，通过绿色化改造，在产业园区探索
创新商业模式，以技术领先企业引导，集中发展切割、铸造、热处
理、污染物集中处理等专业化绿色工艺。例如，苏州吴江铸造产业
园，政府引入明志科技公司为基础领域企业提供先进的绿色工艺和
系统解决方案；江苏丰东热技术股份有限公司整合资源，在各地建
立独资、合资控股专业化热处理加工厂，为周边区域的零部件制造
企业提供服务，使公司业绩获得稳步增长；揭阳中德金属生态城引
入先进的电镀技术以及污染源源头水质控制系统、机械负压蒸发技
术、高倍增效脱盐浓缩膜技术、混排/超标排放预警系统、自动化控
制系统、水质在线监测控制系统，为入园企业提供技术服务，及时
解决技术问题。

8.3.4　政策联动支持企业开展链式改造

　　从政策法规出发，完善链式改造顶层设计，将链式改造作为产
业基础高级化的重要抓手。围绕制造业高质量发展，推进基础领域
产业"智能+"改造升级，促进基础领域企业大数据和人工智能的研
发与应用，提升新技术、新产品的研发能力，形成强大的国内市场，

推进网络强国和制造强国的融合建设。

综合性应用各类政策措施鼓励基础领域企业实施技术改造,包括补贴、贴息、减税、研发费用加计扣除、零土地技改、提高亩产改造等。建立链式改造工程项目库,动态考核,实时管理。对于考核合格的项目承担企业,参考高新技术企业税收优惠规定。对于符合《工业企业技术改造升级投资指南》的项目,鼓励商业银行贷款利率下浮,为企业融资提供"绿色通道"。推广"综合奖补"政策,有条件的地方对于基础领域企业实施技术改造产生的新增财政贡献,给予一定比例的奖励。

建立基础领域企业技术产品和服务成熟度模型,制定基础领域产业链改造路线图,支持行业协会、第三方机构围绕"智能化改造、检测检验和试验验证、新技术研发与应用、技术成果转化、新业态新模式、军转民技术应用、绿色发展、国产重大装备应用"等方向开展行业链式改造诊断。遴选基础产业整机主机企业,针对企业的薄弱环节和突出问题,制定专业化解决方案,解决企业新技术合作难、技术应用难、产业化难等一系列难题,为企业提供链式改造诊断,并形成链式改造解决方案。

链式改造推进路径,如图 8-1 所示。

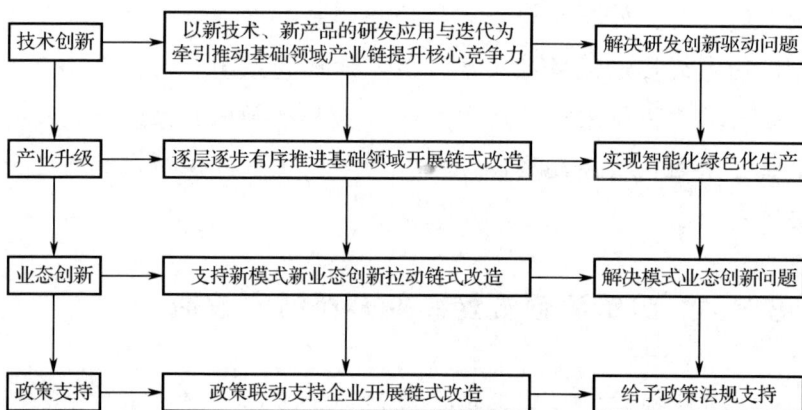

图 8-1　链式改造推进路径

8.4　典型案例

8.4.1　基本情况

我国连续八年稳居全球第一大工业机器人应用市场，2020 年装机量占全球总量的 44%。减速器是机器人的核心传动部件，占机器人总成本的 25%～30%。经过近十年的发展，国产机器人减速器在技术上取得了很大的进步，市场占有率在稳步提升。但是，我国减速器市场格局未发生根本性的改变，RV 减速器仍然被日本的纳博特斯克公司垄断，谐波减速器被日本的哈默纳科垄断。

减速器实施智能化改造的先决条件是产品工艺成熟、技术先进，首先需要实施产品的标准作业、产品的模块化设计、产品的精益化生产；其次，实施加工装配的自动化、数字化、智能化。

E、C、N 系列减速器特点和使用场合，见表 8-1。

表 8-1　E、C、N 系列减速器特点和使用场合

序号	系列	产品特点	使用场合
1	E	主轴承内置，高精度、高刚性、高抗冲击性、结构紧凑、安装方便	工业机器人、变位机、非标自动化
2	C	中空结构，高精度、高弯矩刚性、高抗冲击性、内部可穿插线缆、动作角度大	工业机器人、变位机、非标自动化
3	N	更小、更轻的紧凑化、轻量化新一代产品，承载能力保持不变的前提下外形尺寸缩小 8%～20%，重量减轻 16%～36%	工业机器人

8.4.2　实施任务

（1）减速器的数字化正向设计

建立产品的数字化正向开发能力，满足客户对产品定制化的需求。如图 8-2 所示，首先，根据用户提供的载荷谱、约束条件进行

减速器概念结构设计，使用 ROMAX 软件建立减速器概念分析模型，对轴承、传动部件零件强度初步校核。其次，进行减速器零件数字化建模、数字化仿真分析，进行部件强度、寿命分析，进行轴承预紧及错位分析，确定润滑参数、零件精度等。再次，对偏心轴、行星架分别进行自由边界支撑和实际边界支撑条件下的模态分析，完成动力学分析。最后，试制物理样机，通过试验测试反馈设计，优化产品设计后进行批量生产。

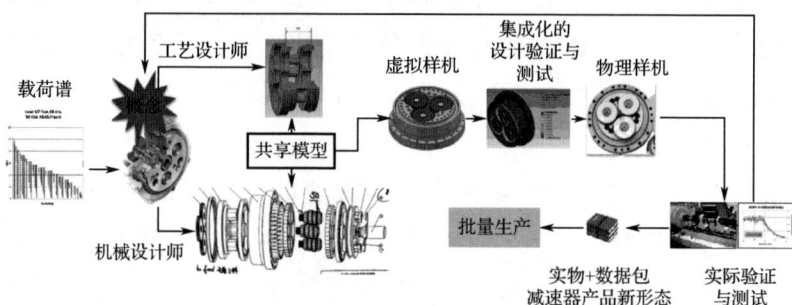

图 8-2　机器人 RV 减速器正向开发流程图

（2）基于数据驱动的产品一致性

开展产品加工、装配、测试过程的数据采集，在装配过程中实施基于数据的零件选配工作，在测试过程中实施自动化的测试手段，批量化生产产品合格率达 99.1%以上，大幅度提高了产品装配的质量一致性和测试数据的一致性（见图 8-3）。

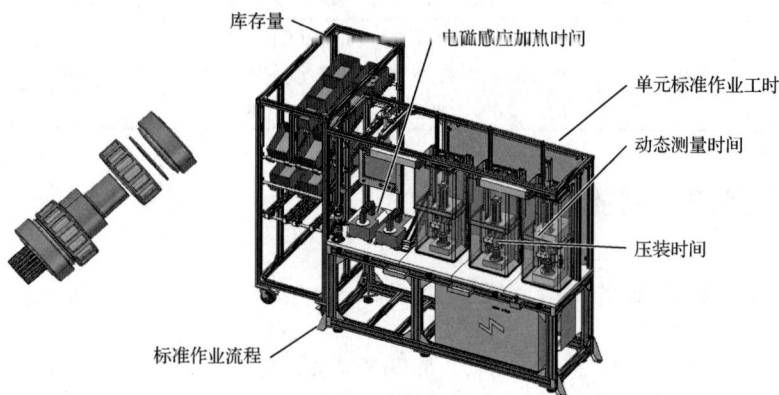

图 8-3　减速器偏心轴部件测量选配单元图

（3）突破关键智能装备和装备生产线

针对减速器的核心装备工艺，设计开发减速器数字化装配线，采用托盘输送线实现物料的流转和托盘的循环，托盘上配备 RFID 识别芯片，每个装配工位能够自动识别零件的信息并进行防错校验，并将零件数据提取用于装配工位的相关计算。装配线中的过程信息、生产数据、设备状态、换型数据通过服务器存储，为"实物+数据包的"规划提供了基础数据（见图 8-4）。

图 8-4　加工装备、试验台、生产线图

（4）多几何要素在线检测与减速器性能评价

RV 减速器零件的加工质量和整机装配质量对传动性能有着重要影响，项目开发了复杂环境下多几何要素高精度在线检测方法，研制了高效高可靠精密在线测量仪器、面向批量化生产的减速器性能测试仪器，建立了减速器加速疲劳寿命评价方法，实现关键零部件多几何要素的在线检测与整机性能测试，保障产品一致性与可靠性。

（5）与下游机器人本体企业开展数字化联通

通过机器人本体厂家的定制化需求——载荷谱和安装结构作为首次输入，经过减速器的正向设计系统、数字化加工和装配系统，形成减速器"实物+数据包"（数据包包括静力学、动力学、运动学的技术参数）的交付物。形成的数据包，一方面为机器人本体厂家的仿真、制造、装配、标定、补偿提供了可靠的参考数据；另一方面，实现了对减速器设计的正向反馈，提供了优化的数据支撑。

基于数字流的系统集成，如图 8-5 所示。

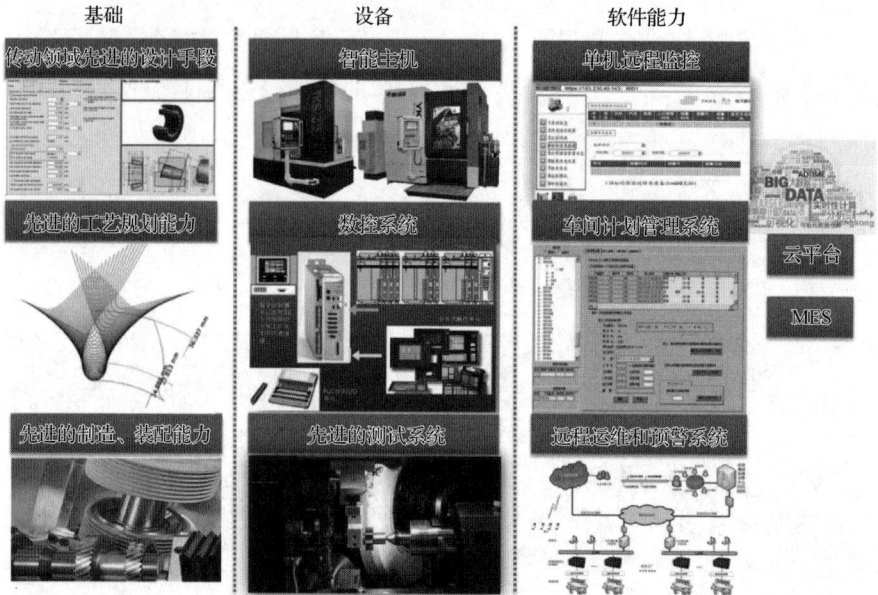

图 8-5　基于数字流的系统集成

8.4.3　实施效果

通过对减速器研发、生产、上下游协同的智能化改造，生产线机床数控化率 100%，生产效率提高 58.6%，产品研制周期缩短 33%，通过数据采集装置和 QCMES 实现制造过程现场数据采集与可视化集成，进行 ERP、MES、物配采购等系统集成，秦川集团建立了产品自主设计开发的能力，建立了减速器设计、减速器工艺、车间技术组的研发体系，开发了专用成套工艺装备及智能化生产线，建设了具备年产 18 万台减速器能力的智能制造厂房，形成了年产 6 万台减速器的生产能力，形成了四大系列（BX-E 系列、BX-C 系列、BX-F 系列、BX-RD 系列）共 18 种型号 85 种规格产品的批量化生产，正在研发 N 系列减速器产品，满足了 5kg 到 800kg 机器人的选配需求，实现了自主化产品的关键技术突破与下游市场应用。

第 9 章

链式政策

产业政策是我国促进产业基础发展的重要手段，政策工具是政策内容的核心组成，也是政府调动国家资源的主要方式。政策工具因政策发文主体的行政权限不同而产生差异，工具间的搭配使用是政府部门间合作的直接结果，由此形成了政策工具的组合问题，并且随着产业基础的现实发展需求的变化，政策组合也需要随之不断优化，以适应新的产业挑战。

9.1 基本内涵与特征

9.1.1 基本内涵

为了推动产业发展，提高产业部门效率、规模和国际竞争力，二战以后，大多数经济体都积极制定各种类型的产业政策，实现了二战后 70 年经济的蓬勃发展与全球化产业分工合作，生产效率极大提高，是促进经济发展和就业高速增长的重要手段。20 世纪 70 年代，日本在汽车、半导体等许多领域赶超欧美发达国家，主要得益于产业政策从消极向积极转变，如"机振法""电振法"等有效促进机械零部件、电子元器件的规模与技术领先。随着国际产业转移，中国、东南亚等国家纷纷出台吸引外资、发展国内制造业等系列产业政策，成为后发国家追赶发达国家融入全球化的重要工具。可以说产业政策的有效性和政策选择决定了不同政府的全球地位。

在处理经济问题时，不同时期不同阶段不同类型的产业，所需的产业政策也各不相同，专业化逐渐成为制定产业政策的重要方向，如围绕制造业，我国发展改革部门从宏观角度制定整体战略政策，包括负面清单、市场准入、公平竞争等政策体系，科技部门从技术创新、成果转化等支持产品技术研发；工信部门负责具体政策体系，包括大中小企业融通发展、区域产业布局、产业技术路线引导、财税金融政策支持等，产业政策的专业化加强了政策的针对性。以产业问题为导向，有的放矢是产业政策的重要特色。但是，政府行政角色及职能的独立，以及政策各出其所，形成了政策硬块化、分裂化，缺乏协调，也阻碍了产业政策的效率，分散化的产业政策忽视了政策制定与实施的协同问题，甚至出现了政策冲突，极大地影响了政府的效力，也扰乱了市场经济体系的发展。

作为实现政策目标的一种治理技术，政策工具以某种方式利用国家资源或有意识地限制国家资源，是一种用于实施公共政策的机制和技术。政策工具可以划分为积极和消极两类，即政策工具的制定可能是消极的，以禁止或阻止一项行动。也可能是积极的，以规定或鼓励一项行动，可以用来促进控制者认为需要的东西，或抑制不需要的东西。政策工具也可以划分为法规、经济手段、信息。从供需角度，政策工具可以划分为供给型、需求型、环境型。其中供给型政策工具包括研发补助、培训工人等；环境型政策工具包括规章制度、财政政策等；需求型政策工具包括公共采购、成本承保等。根据政府角色，政策工具可以划分为指挥控制型、激励型。指挥控制型政策工具是指以监管措施为主的标准、规范或法律法规，具有一定强制性，可以达到较高的政策效果，但是施策成本高昂且效率低下；激励型政策工具是指以激励为基础的政策工具，如税收减免类政策。从具体措施来看，政策工具可以细分为宏观规划、示范项目、财政补贴、税收优惠、技术支持、行业管理和基础设施等。

在产业政策制定和实行过程中，需要确保各类政策工具的一致性，实现产业政策目标，政策协同使政府政策和政策计划最终达到最少冗余、最低不一致的一种有序状态，过程论则认为政策协同是指两项或多项政策之间实现相互协调，达到共同目标的过程。政策协同的核心是充分发挥政策工具的组合优势，解决复杂的产业发展问题，关键是保证产业政策的各类工具发挥整体优势，优化政策工具内容，提高产业政策的支持效率。

链式政策是指为解决产业基础薄弱问题，分类、统筹、协调、优化各类政策工具，支持链式备份、链式突破和链式改造的有效实施，制定和实施由人才、财政、税收、市场、法规、技术、奖励等组成的政策链。

9.1.2 主要特征

（1）以问题为导向

实现产业基础高级化是使用政策工具的最终目标。产业基础不同的发展阶段具有不同的特征，如第一阶段，产业基础寻求改善基础产品与技术的保障能力和提高对产业的整体支撑能力，该阶段政策工具的目标主要以突破产业链短板为主，所实施的各类政策措施首先围绕产业基础薄弱环节，以行政手段促使市场资源、行政资源、人才资源、技术资源等流向急需突破的基础产品与技术。产业基础第二阶段目标是以实现整机与基础的协调发展为导向，因此政策工具需要围绕产业链上中下游企业之间的合作以及整机与基础的配套展开，并且核心基础零部件（元器件）、关键基础材料要达到 70%的自主保障，需要政策工具在支持创新型产业基础产品与技术的产业化落地层面多下功夫。产业基础进入第三阶段后，产业基础基本实现高级化，政策工具的内涵也将发生较大的转变。

（2）目标明确

现阶段，产业基础政策的主要目标是基础领域产品国产化，产业链上中下游协同，整机与基础协调发展，即完成产业基础第二阶段的一系列重点任务。政策工具也主要围绕链式备份、链式突破、链式改造三方面展开。在链式备份层面，政策工具主要针对培育备份产品与技术、企业和产业；链式突破层面，政策工具主要针对薄弱环节的基础产品与技术；链式改造层面，政策工具主要以产业链、产业集群为对象进行智能化和绿色化改造，实现产业高质量发展。目前所使用的政策工具在链式备份、链式突破、链式改造三个层面的影响作用具有一定程度的交叉融合，如工信部开展的产业基础重点领域"一条龙"行动计划，通过建立整条产业链的上中下游所涉及产品、技术、材料、生产设备的示范企业名单，联合各方力量实现技术突破与迭代应用，推动产业链整体的能力提升，在实现基础产品与技术突破的同时，也在很大程度上完成了该产业链的本土化备份，即实现链式突破的同时也完成了链式备份。

（3）政策工具的分类组合与优化

不同政府部门的行政权限不同，所能调动的政策资源也有较大差异，政策工具之间的差异性随着政策制定主体的变化而增大，因而形成了政策工具之间的类别划分。在类别划分的基础上，政策工具之间可以形成不同的政策组合，以应对不同的政策挑战，实现共同的政策目标。例如创新支持型政策工具和补贴型政策工具之间的组合可以用于鼓励企业创新，通过对创新活动的企业实施税收补贴、财政补贴，降低企业的创新成本，提高企业的创新积极性。政策工具之间的组合同时也带来了政策组合优化问题，即在不同时期所采用的政策工具，由于其颁布的历史背景、发展目标、社会环境等的变化，其政策内涵需要不断优化升级以适应时代需求，政策工具之间的组合优化是持续性、长期性、演变性的动态变化过程。

9.2　链式政策主题构建

9.2.1　政策文件来源

根据产业基础的定义，以零部件、元器件、基础材料、基础工艺、工业软件、产业技术基础六个关键词在"北京大学法律文件库"进行全文检索，时间跨度为中国改革开放后实行市场经济体制的第一个完整的五年计划——"六五"计划，到"十三五"规划结束，即 1981 年到 2020 年期间，剔除废止类、人员任命、司法解释类等文件，共 920 个政策文件（见图 9-1）。

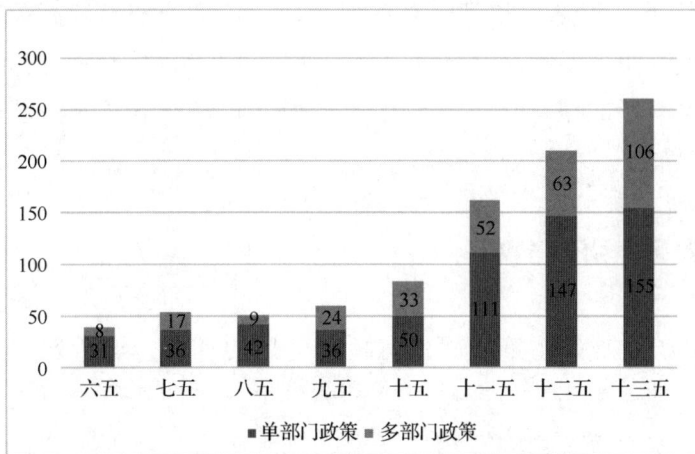

图 9-1　产业基础政策数量（单位：个）

"六五"到"十三五"期间，中国产业基础政策的数量逐渐递增。"十五"计划之前每个计划期的产业基础政策数量不足 100 个，"十二五"计划开始的产业基础政策数量超过 200 个。

"六五"到"十五"时期，产业基础政策的数量处于较低水平。颁布的政策多为综合性创新政策、特定领域工作政策等。主要针对工业整体或特定产业，如汽车、机床、材料、农业机械、飞机、家电及其零部件等，没有将产业基础作单独划分。"十五"期间科技部颁布"先进制造基础件技术研究开发与应用"项目，但是只针对基础元器件中的传感器和机械电液比例控制集成系统的产业技术开发。

"十一五"时期，产业基础政策数量达到 163 个，有较大幅度提升。在工业结构优化升级的背景下，以工业和信息化部为主体颁布了诸多制造业转型升级计划。

"十二五"时期，政策数量达到 210 个。工业和信息化部在此期间发布了《机械基础件、基础制造工艺和基础材料产业"十二五"发展规划》和《关于加快推进工业强基的指导意见》，奠定了中国产业基础建设的基础。在"十二五"末期颁布的中国制造强国战略，强化工业基础能力是中国制造业的主要战略之一。

"十三五"时期，政策数量达到 261 个，"产业基础高级化"成为中国制造业主要战略之一。中国产业基础政策由一开始的无目标、无规划逐渐形成整体化、长期化的趋势。政策要素开始往基础领域集中，政策工具的内容也逐渐丰富。

9.2.2 引文分析

我国产业基础政策之间具有相互引用的现象，即所发布的政策内容中通常会引用平级或高一级机关单位发布的法律、规划、标准等，用以支撑政策内容和相关条款，既是政府工作的延续，也是政策呈体系化的一种表现方式。如"工业和信息化部关于印发《机械基础零部件产业振兴实施方案》的通知"中提到，"为落实《装备制造业调整和振兴规划》，提升装备制造业整体水平……，工业和信息化部组织制定了《机械基础零部件产业振兴实施方案》。"

见图 9-2，根据政策引文结果来看，"六五""七五""八五""九五"计划期间多次引用标准化相关政策，政策主要围绕认识标准化的重要性、完善标准化管理部门、制定标准化规划等方面，寻求通过标准化实现工业生产的现代化，机电产品进出口在此期间也是产业基础政策主要关注和推行的重点。"九五"计划期间的主导政策则体现了我国以对外经济为产业基础发展思路的基本模式，该时期我国企业主要的进出口经贸合作方式是"境外带料加工装配"和"企业来料加工装配"。"十五"期间被引用较多的政策主要集中在汽车等道路机动车辆领域和机电产品进口领域，在机电产品进口方面，以财政部和国家税务总局为主联合发布了许多机电设备及其零部件增值税先增后返的措施，如《财政部、国家税务总局关于数控机床产品增值税先征后返问题的通知》，通过返还相关产品增值税用以支持产品的研究开发。

"十一五"期间，以财政部、发改委、海关总署、税务总局为主导颁发的《关于落实国务院加快振兴装备制造业的若干意见有关进口政策的通知》，对该时期高精密数控设备、煤化工设备、农业机械设备、矿用机械设备、纺织设备等诸多装备及其零部件进口税收政策的制定起到重要影响作用。《国家中长期科学和技术发展规划纲要（2006－2020 年）》中也明确规定"对承担国家重大科技专项、国家科技计划重点项目、国家重大技术装备研究开发项目和重大引进技术消化吸收再创新项目的企业进口国内不能生产的关键设备、原材料及零部件免征进口关税和进口环节增值税"。"十二五"时期，发挥主导作用的政策与产业基础相关性更高，如《新材料产业"十二五"发展规划》更是将产业基础直接重要领域作为独立主体进行专门支持，并且"十二五"末期中国制造强国战略的发布为"十三五"时期诸多产业基础政策的发布起到关键主导作用。

"十三五"时期，影响产业基础政策制定的最重要政策是中国制造强国战略，作为将产业基础作为我国制造强国战略重点任务之一的国家级发展规划，明确提出了我国产业基础的现存问题、建设目标、重点内容和发展路径等，直接针对产业基础领域的重要发展规划已经成为"十三五"期间影响产业基础政策制定的主导型政策，创新驱动、信息融合、高新技术等是"十三五"时期产业基础政策的主题。同时，围绕《工业强基工程实施指南（2016—2020）》和《工业"四基"发展目录》，工信部多次主导实施了关于工业强基工程重点产品、工艺"一条龙"应用计划，开展了工业强基 2016 专项行动，国防科工局也开展了国防科技工业强基工程的基础研究和工艺攻关。

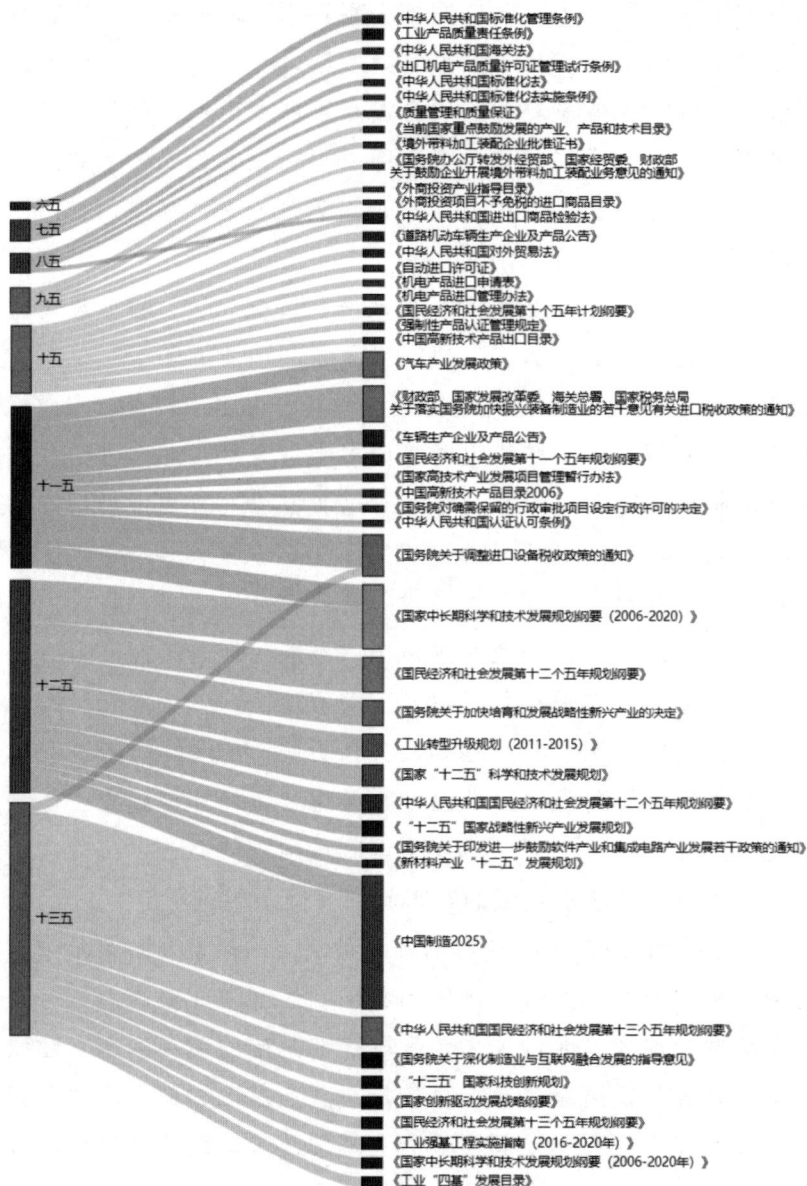

图 9-2　政策引文流向

9.2.3 政策工具数据集构建

我国产业基础政策较多使用人才措施、财政税收措施、市场措施、法规管制措施、技术支持措施、示范项目措施等六类政策工具。人才措施是为了实现人力资源在产业基础领域内的科学分配、合理开发、有效使用而实施的包括人才培养、引进、调控、职工再培训等措施的一系列法律与政策体系。财政税收措施是中央财政部门以财政政策为操作主线，对征税和用资对象使用税收优惠、财政补贴、首套补偿等手段，实现财政资源在产业基础领域不同环节和产业部门之间的优化配置。市场措施是对以企业为主的市场机构的鼓励支持、培育引导、资源配置等。法规管制措施用于监督并规范市场主体行为，主要包含对产业基础各细分产业及参与主体的质量监管、资质审核、规范运作、监督审查等。技术支持措施是对产业技术研发、创新、突破等提供人才、资金、服务、政策等支持手段，偏向于政府对产业资源的引导和调配。示范项目措施是建设对产业发展起到引领、标杆、带头、示范作用的项目、试点、应用、工程、城市、平台等。

（1）初始数据集

首先，将每个五年计划期间颁布的产业基础政策按句号进行拆分，得到基础政策单元。其次，通过关键词对政策工具进行定位。以关键词"财政""补贴""补偿""税""优惠"定位财政税收措施；以关键词"人才"定位人才措施；以"市场"和"企业"定位市场措施；以"监督""监管""审核""审查"定位法规管制措施；以"技术"和"支持"定位技术支持措施；以"示范"项目定位示范措施。对得到的政策单元进行人工筛选，去除没有实际含义的政策单元，得到包含六类政策工具的"初始数据集"。

（2）归类数据集

针对这类文本，将其按照逗号进一步拆分，对拆分后的句子再次进行类别判定，计算这些拆分后的句子在该政策单元中的比重，比重最高的句子的所属类别即为该政策单元的类别，以此得到"归类数据集"。

$$class = \max\left\{\frac{len(str_i)}{len(STR)}\right\}, i = (1、2、3\cdots6) \tag{9-1}$$

其中，class 代表所属类别，其中 str_i 表示拆分归类后的第 i 类政策工具，$len(str_i)$ 表示该拆分后的句子的长度，$len(STR)$ 表示该政策单元的长度。对"初始数据集"中的复杂政策单元采用上述方法进行二次分类，得到"归类数据集"，见表 9-1。

表 9-1　政策工具数据集

数据集类型	类　　别	政策工具数量	政策工具总量
归类数据集	人才	814	5095
	财政税收	759	
	市场	752	
	法规管制	694	
	技术支持	907	
	示范项目	1169	

9.2.4　政策主题词结果分析

通过构建 LDA 主题模型对各阶段产业基础政策进行主题建模，可知每个阶段最重要的五个主题及该主题下的十个关键词，见表 9-2。

表 9-2　产业基础政策主题

时　　期	主题编号	主　题　词
"六五"	1	项目 部门 进口 审批 国家 技术改造 单位 规定 企业 批准
	2	工作 工业 机械 企业 部门 发展 技术改造 标准化 国家 技术
	3	质量 产品 生产 技术 提高 管理 改造 产品质量 企业 主要
	4	设备 技术 进口 制造 国内 项目 生产 发展 外国 引进
	5	标准 计划 标准化 技术 企业 项目 工作 设备 制订 产品

续表

时　　期	主题编号	主　题　词
"七五"	6	进口 出口 海关 规定 通知 汽车 生产 许可证 国家 加工
	7	引进 项目 产品 企业 技术 消化吸收 单位 引进技术 发展 开发
	8	企业 产品 技术 质量 生产 设计 工作 人员 出口 进行
	9	检验 单位 质量 标准 检测 产品 审查 部门 进行 使用
	10	企业 管理 工业 产品 电子 机械 产品质量 生产 部门 国家
"八五"	11	企业 发展 工业 经济 国家 项目 机械 汽车 重点 质量
	12	工作 标准化 检验 单位 技术 鉴定 产品 管理 进行 企业
	13	机械 发展 工业 产品 重点 技术 提高 水平 设备 达到
	14	产品 出口 企业 机电产品 生产 标准 技术 要求 质量 管理
	15	进口 标准 项目 审查 规定 批准 单位 计划 审批 机电设备
"九五"	16	项目 进口 企业 出口 产品 规定 国家 海关 监督 货物
	17	集团 无偿 有限公司 设备 系统 贷款 贴息 公司 通信 产品
	18	技术 企业 发展 工作 标准 标准化 质量 工业 重点 生产 汽车
	19	设备 系统 监测 立方米 检测仪器 自动 工件 船用 管理 机械
	20	材料 高效 新型 装置 成套设备 零部件 制造 技术 加工 大型
"十五"	21	产品 进口 生产 企业 汽车 要求 进行 机构 规定 管理
	22	技术 系统 设备 有限公司 重点 应用 建设 数控 工程
	23	设备 配件 零件 装置 型号 用于 汽车 评审 包括 整车
	24	技术 生产 材料 制造 设备 工艺 新型 重点 控制 产业化
	25	发展 企业 产业 我国 技术 提高 国家 建设 高技术 科技
"十一五"	26	装置 系统 轴承 部件 零件 规格 设备 液压 自动 数控
	27	企业 产品 生产 进口 项目 零部件 汽车 要求 规定 进行
	28	有限公司 评审 监督 中心 机械 质量 中国 检测 用于 认证
	29	技术 设备 制造 标准 生产 材料 系统 设计 安全 大型
	30	发展 产业 建设 国家 加强 企业 重点 创新 工作 自主
"十二五"	31	发展 产业 企业 建设 创新 重点 有限公司 工业 加强 科技
	32	技术 产品 材料 生产 利用 新型 高效 节能 装备 设备
	33	技术 系统 制造 研究 设计 应用 设备 装备 智能 船舶
	34	研究 项目 单位 企业 申报 技术 课题 内容 相关 组织
	35	软件 服务 系统 研究 电子 网络 信息 计划 通信 数字

时　期	主题 编号	主　题　词
"十三五"	36	标准　企业　产品　汽车　生产　安全　质量　服务　管理　建设
	37	生产　制造　材料　技术　设备　开发　加工　系统　高耗能　新型
	38	工业　智能　技术　制造　有限公司　服务　应用　互联网　系统　平台
	39	发展　创新　企业　产业　国家　工业　重点　支持　建设　信息化
	40	技术　材料　装备　系统　设备　制造　装置　大型　生产　研究

"六五"时期，政策主要面向工业整体，以技术改造和发展生产为主要目的，同时要求工业企业开展标准化建设，以实现生产现代化和管理科学化。

"七五"时期，延续"六五"的建设方向不变，同时该时期与外企、外资的合作相比"六五"要深，引进国外技术消化吸收用于国内生产的政策和工业用品进出口相关的政策开始增多。

"八五"时期，机械和电子工业成为重点产业，主题13、14中都提到相应关键词，机械工业的振兴目标是成为国民经济支柱型产业，电子工业被放在突出位置，成为促进产业结构和国民经济现代化的牵头产业。

"九五"时期，机械工业、电子工业、汽车工业、轻纺工业等成为该时期产业振兴的首选，主题18直接反映了汽车工业在该时期的重视程度，主题20中出现关键词"零部件"和"材料"，与《"九五"计划纲要》中要求提高汽车零部件生产能力以及促进原材料工业增长方式转变相对应。

"十五"时期，要求优化工业结构，加快改组改造，转变增长方式，主题21、23，汽车是零部件产业的终端，也是装备制造业强弱的重要体现，这一时期开始出现对数控机床、材料加工工艺的发展需求。

"十一五"时期，开始出现对产业基础的较高关注，主题26、27、28、29分别涉及零部件、机床、材料、检测检验等产业基础领域的主要关键词。"十一五"期间明确了需要重点建设的产业类别，有关基础产品与技术在各部分规划中均有所涉及，如《"十一五"计划纲要》中"提升电子信息制造业"提出要"大力发展元器件、软件和新型元器件等核心产业","振兴重大技术装备"要"提高重大技术装备研发设计、核心元器件配套、加工制造和系统集成的整体水平"。虽然没有针对产业基础的整体措施,但产业基础的重要性开始逐步受到关注。

"十二五"时期,我国工业主要面临的问题由"量"转变为"质",政策主题 32、33 分别与材料产业和船舶产业相关,主题 35 则主要强调软件、信息通信服务和数字化技术。

"十三五"时期,产业基础受到高度重视,提升工业基础能力是该时期我国制造强国战略的首要目标。主题 36、38、39、40分别与相关领域对应,其中主题 36 是新能源汽车领域质量标准相关的管理建设要求,主题 38 关注智能制造技术以及工业互联网平台,主题 39 与工业的信息化建设高度相关,主题 40 与材料和制造设备密切相关。

9.3　政策工具协同分析

9.3.1　模型构建

构建 Bert 中文预训练文本分类模型,对收集到的政策文本集进行数据清洗,剔除无关政策,对政策工具进行标准化,为每一个类别的政策工具赋予一个标签,作为分类的标准,在此基础上构建政策工具数据集,并对数据集进行分割,按照 8:1:1 的比例划分训练集、验证集、测试集,将训练集和验证集输入 Bert 文本分类模型中,使用测试集进行模型评价。得到各类评价指标最优的分类模型后,将模型得到的分类结果作为政策工具的分类结果,在此基础上进行政策工具的协同评估,如图 9-3 所示。

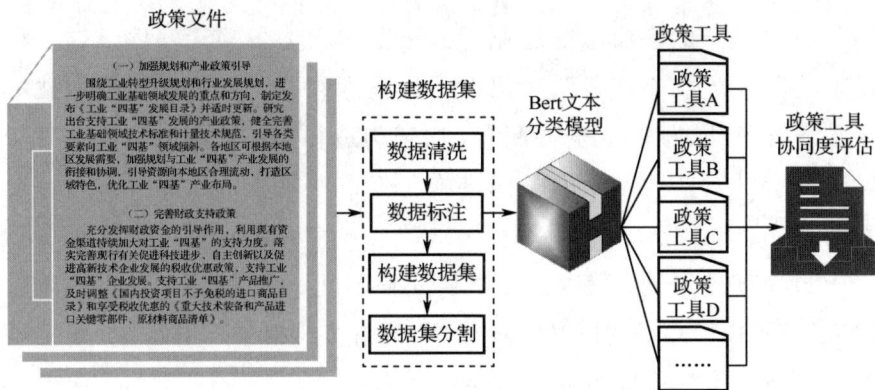

图 9-3　政策工具协同模型

得到分类结果后，构建协同概率和协同系数方法对分类结果进行分析。同一政策文件中所采用的政策措施服务于共同的政策目标，政策工具协同是不同的政策工具对政策目标的共同作用，同一政策文件的政策工具之间由于拥有共同的政策目标而具有协同效应，针对某一领域具有协同效应的政策工具的比例越高，政策的协同性越高。因此，可以通过协同概率和协同系数两种方法对政策工具之间的协同进行评估，相应的公式表达如式（9-2）和式（9-3）所示。

$$p_{ij}^t = \frac{n_{ij}^t}{N^t} \tag{9-2}$$

$$\text{Coef}_{ij}^t = \frac{\sum_1^n \text{num}_{ij}^t}{\sum_1^n \text{num}_i^t + \sum_1^n \text{num}_j^t} \tag{9-3}$$

p_{ij}^t 表示在时间阶段 t 内政策工具 i 和政策工具 j 的协同概率。其中，n_{ij}^t 表示在时间阶段 t 内同时包含政策工具 i 和政策工具 j 的政策数量。N^t 是时间阶段 t 内所有的政策数量。Coef_{ij}^t 表示在时间阶段 t 内政策工具 i 和政策工具 j 的协同系数。$\sum_1^n \text{num}_{ij}^t$ 是指时间阶段 t 内出现在同一政策文件中政策工具 i 和 j 的数量和。$\sum_1^n \text{num}_i^t$ 或 $\sum_1^n \text{num}_j^t$ 分别指时间阶段 t 内政策工具 i 或 j 的总量。协同概率高，表明包含这两类政策工具的复合型政策文本在评估阶段内具有较高的比重。协同系数高，表明复合型政策中具有协同效应的政策工具比重高。

9.3.2　政策工具协同概率

各政策工具之间的协同概率如图 9-4 所示，从"六五"到"十三五"时期，产业基础各政策工具的协同概率是逐渐上升的。其中，"六五"和"七五"时期协同概率普遍较低，"八五"到"十一五"时期呈现动态上升趋势，在"十二五"和"十三五"时期达到最高水平。这表明中国产业基础政策中各类政策要素的组合逐渐丰富化，复合型政策的比例有较高增长。

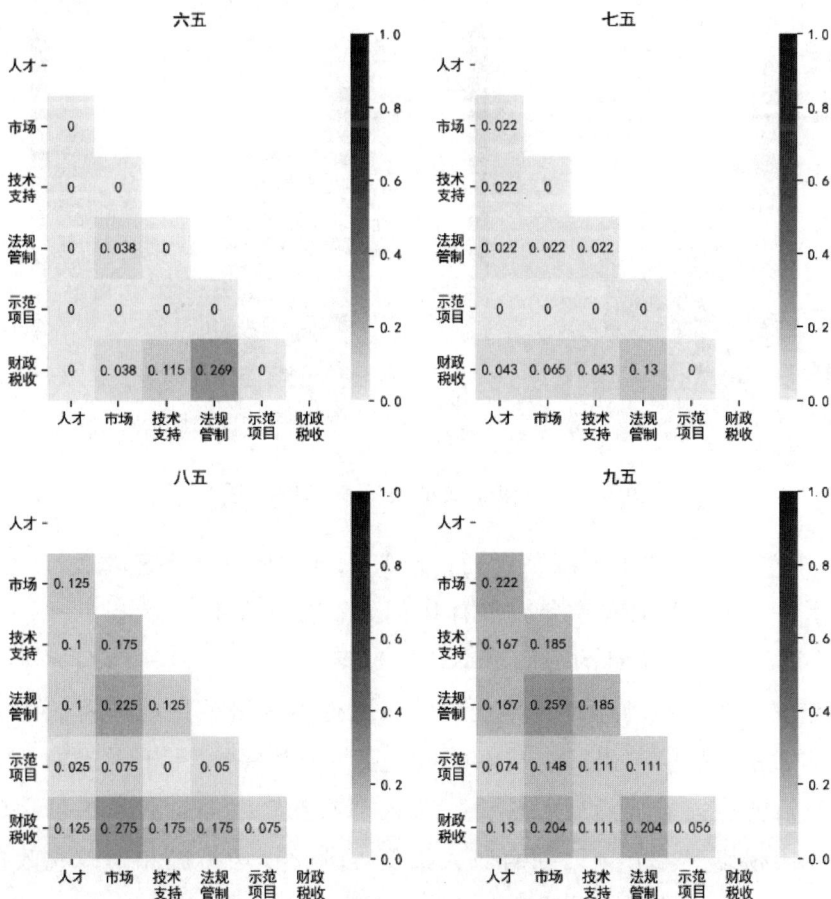

图 9-4　政策工具的协同概率图

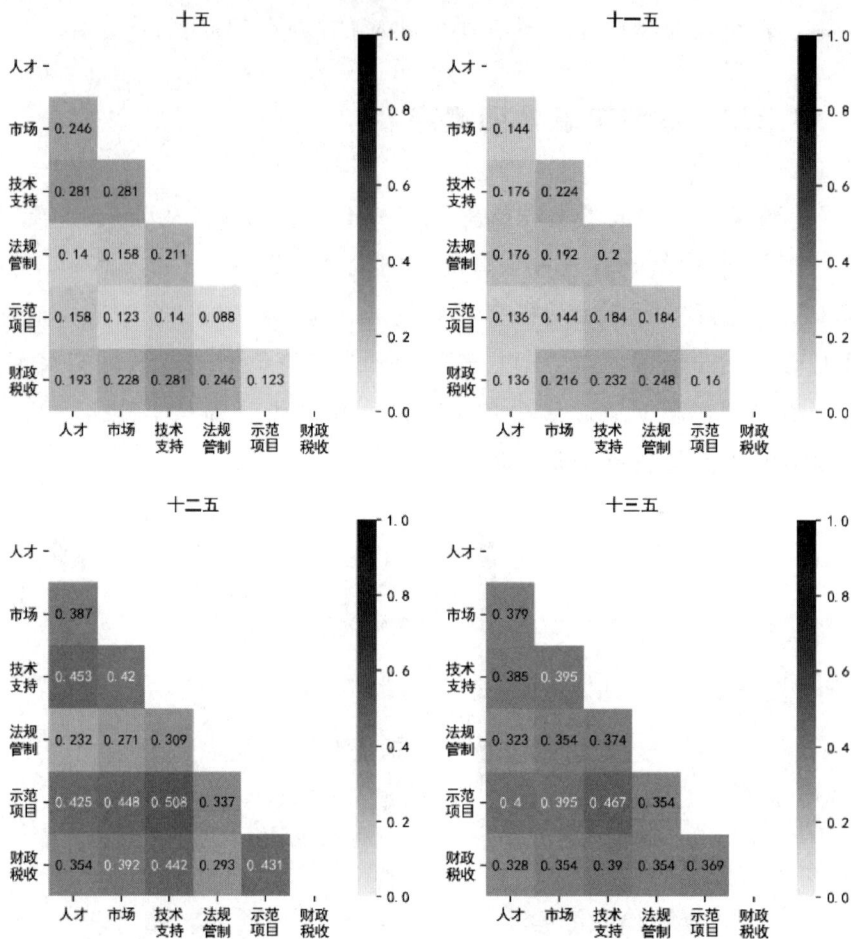

图 9-4 政策工具的协同概率图（续）

　　"六五"到"十一五"时期，政策工具的协同概率基本处于 0.3 的水平之下，复合型政策的整体比例处于较低水平。"六五"和"七五"时期，政策工具的协同概率普遍处于 0.1 之下。这一阶段属于改革开放初期，市场体系不健全，政策文件多强调使用财政税收措施鼓励工业产品的进出口、技术改造、质量监管等。"七五"时期在人才政策的协同方面有轻微提升，进入"八五"时期，政策工具之间的协同相比"七五"时期有较大幅度提升。市场措施和财政税收措施的协同，主要集中于鼓励工业产品扩大出口。"九五"到"十一五"时期，政策工具的协同概率基本超过了 0.1，部分超过了 0.2，"九五"

时期，市场和财政税收、人才、法规管制的协同概率属于当期较高水平。"十五"期，技术支持与人才、市场的协同概率有显著增长。"十一五"时期，示范项目与市场、法规管制、财政税收措施协同概率较高。

"十二五"时期，各政策工具间的协同概率有了全面性且较高水平的提升，示范项目与人才、市场、技术支持、财政税收之间的协同概率在"十二五"期间达到最高水平，主要原因在于政府重视以高端装备制造业为主的创新应用示范工程建设。财政税收措施与人才措施、技术支持措施、市场措施、示范项目措施的协同概率处于所有阶段的最高水平。

"十三五"时期，财政税收、市场、技术支持、人才等各类政策措施之间的协同概率在此期间基本维持在较高水平。以中国制造强国战略为核心，中国政府开展制造业重点领域的示范工程建设。实施工业强基、智能制造、绿色制造等制造业创新工程，中国政府通过加大财政税收对产业基础的直接投资，采用保险补偿、税收优惠、税额抵扣等措施支持核心基础零部件（元器件）、关键基础材料的应用推广，并围绕重点领域，发挥市场的作用，以中小企业为创新载体实施产业基础创新。同时以工业基础发展需求为导向，加强基础领域企业技术人才的培养和顶尖高技能人才的引进工作。

9.3.3　政策工具协同系数

各政策工具的协同系数如图 9-5 所示。"六五""七八""八五"时期的协同系数普遍较低，"九五""十五""十一五"时期，部分政策工具之间的协同系数处于中高水平，"十二五"和"十三五"时期的协同系数普遍处于较高水平。在复合型政策中，具有协调效应的政策工具的比重逐渐扩大，在文本中的内容也逐渐丰富。

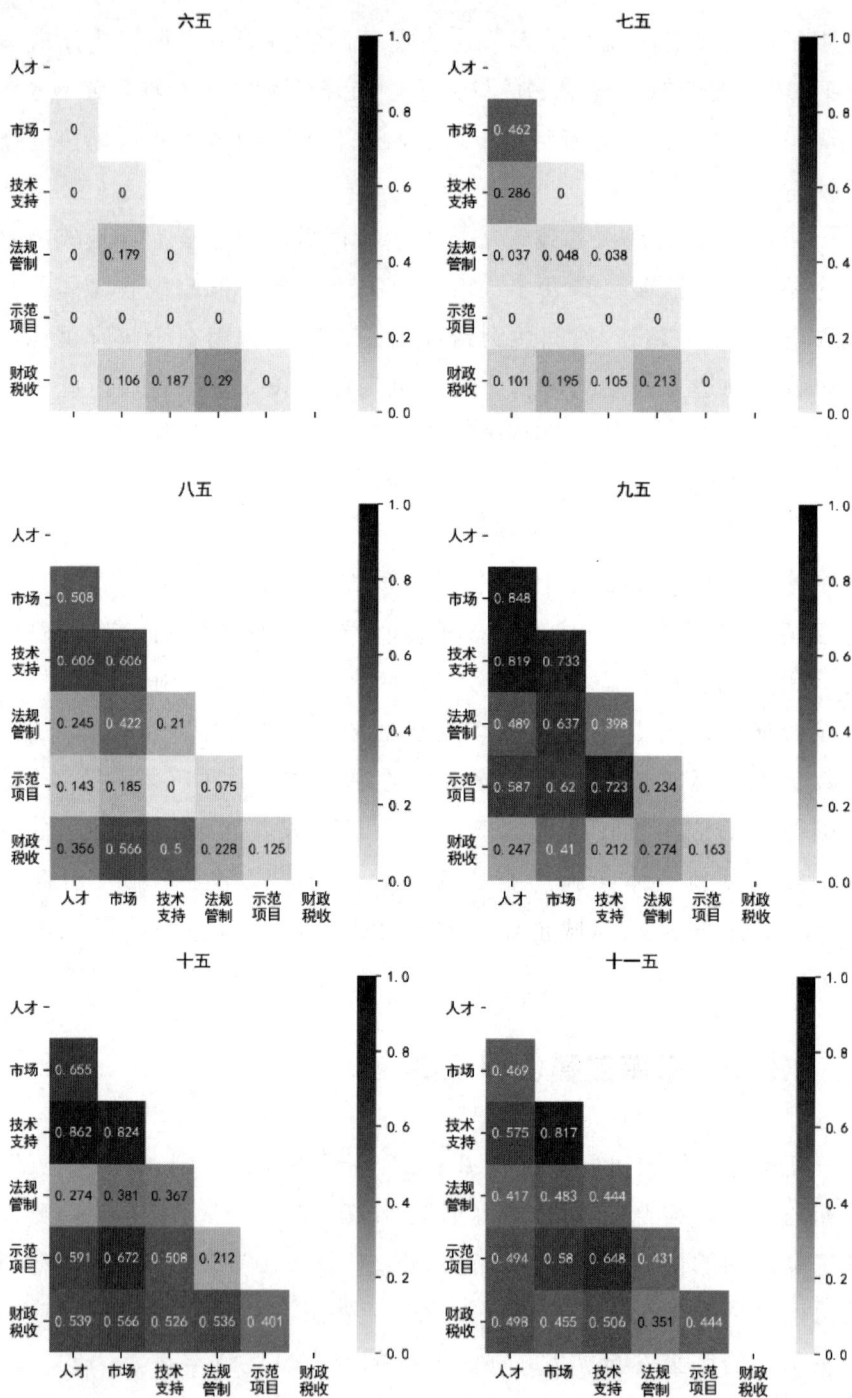

图 9-5 政策工具协同系数图

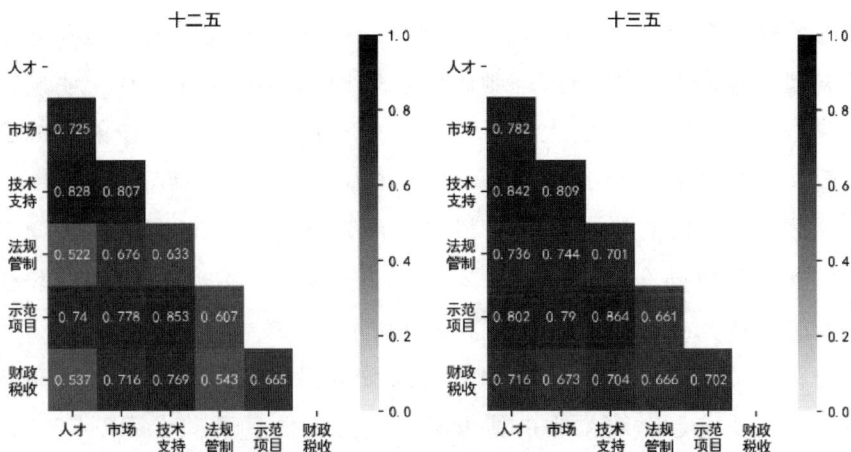

图 9-5　政策工具协同系数图（续）

　　示范项目措施与技术支持、市场、人才等措施在进入"十二五"后具有较高的协同效应。"十二五"时期，中国针对高端制造业大力开展示范应用建设工作，并采用大量的政策措施组合推进产业基础有关的示范项目。示范项目是创新应用的载体。示范应用、示范企业、示范基地是中国产业基础技术创新技术的落地实验场。

　　技术支持措施与市场措施在绝大多数阶段具有较高的协同效应。"十五"和"十一五"时期，中国开始将技术创新作为产业发展的推动力。此时，技术支持与"市场和企业"的内容未发生较大转变，主要为支持企业成为技术创新主体，发挥市场资源配置的基础性作用。从"十二五"开始，政策进一步强化企业的创新主体地位，并开始着重关注中小企业在产业基础领域的作用。中国政府开始发挥财政专项资金的引导与扶持作用，鼓励中小企业发展，为企业提供人才培训和引进服务。鼓励企业加大研发投入，以发挥中小企业对产业基础技术创新的示范引领作用。

　　人才措施从"六五"到"十三五"时期与财政税收、技术支持、市场等其他政策措施的协同效应逐渐提高，表明政府越来越意识到产业基础领域人才的重要性。总体上，人才措施在"十二五"和"十三五"时期达到较高协同水平，政府对产业基础人才的支持力度达到空前高度，这段时期是产业基础逐渐从制造业剥离的时期，产业基础的理论概念在此期间成型。"十三五"期间颁发的《制造业人才发展规划指南》是对产业基础人才影响最直接的政策，其中明确了产业基础各重点领域的人才所需掌握的理论知识、专业技能、综合素质，中国产业基础的人才培养提升至国家战略的高度。

财政税收措施是中国政府最常用的政策工具，与人才、市场、技术支持的协同在所有时期基本处于上升趋势，中国多使用财政税收措施支持产业基础的人才培养、企业培育、技术创新等。"十二五"时期，财政税收的协同概率和协同系数达到较高水平，中国对高端制造业的扶持是财政税收措施力度加强的重要原因。"十三五"时期，财政税收措施与人才、示范项目的协同效应进一步增强，政府对产业基础人才和示范项目建设的财政支持力度进一步加大。而财政税收与市场的协同效应有所降低，政府在一定程度上降低了财政手段对市场的直接影响。

9.4 推进路径

9.4.1 加大政策主体协作水平，提高产业基础建设系统化程度

政策主体决定了政策制定的方向，单一主体施政权限有限，难以跨出自身管辖范围调配政策资源，即使在政策文件中使用了自身权限之外的政策工具，往往只能作为下级部门制定参考措施，无法达到同级主体在该领域的政策影响力。随着产业基础建设的推进以及产业基础高级化内涵的不断拔高，所涉及的经济社会重要行业领域的范围在扩大，如"十三五"期间，住房和城乡建设部与工信部、交通运输部等联合制定的《智能光伏产业发展行动计划（2018—2020年）》，便是多主体协作的重要成果，不仅明确了在智能光伏产业发展计划中各部门的职责范围，也为各地方政府下辖资源调配提供了

重要参考。

　　政策的多主体共同参与是产业基础建设走向系统化的关键标志，从制造业角度出发制定的产业基础政策能直接影响基础产品与技术的综合水平，如果将产业基础建设置于系统化层面，则会将产业基础产品和技术与其他领域有机结合，考虑经济社会现实需求，形成产业基础深度融入社会经济各个层面同步发展的格局。

9.4.2　提高政策工具组合使用效率，建立有效的产业基础扶持机制

　　较长时期以来，我国产业基础政策都将财政税收作为主要的鼓励手段，财政、金融、税收等作为政府可以直接调配的资源，在特定历史时期内发挥了重要的作用。然而简单的财政税收措施如转移支付、出口退税等随着全球经济的发展必定是不可持续的，只有提高基础产品与技术的核心竞争力，搭配合理有效的政策措施，才可以使有限的政策资源发挥其最大的作用。

　　我国产业基础政策的制定应更多关注政策工具之间的搭配使用，如财政部、工业和信息化部、银保监会制定的"首台（套）重大技术装备保险补偿机制"，使用了保险对实现了重大关键的产品与技术突破进行补偿，既完成了对产业的支持，又鼓励了创新，还建立了较为完善的"创新—保险"机制，是政策工具灵活使用的重要成果。政策工具的灵活组合可以实现有效的政策资源使用机制，因此未来产业基础政策的制定应关注提高政策工具的使用效率，摆脱单一、冗余、低效的政策鼓励方式，形成良性的政策扶持机制。

9.4.3　丰富产业要素多元化投入，实现产业基础全方位发展

　　促进产业基础能力提升，单独依靠财政投入、技术投入、市场投入很难实现系统化转变。我国制造业长期以加工装配为主，基础

研究能力弱，高层次人才供给不足，导致产业基础高级化过程中部分关键环节的实施乏力。从产业基础政策的分析结果来看，对人才的重视直到"十二五"时期才得到全面提升，然而人才的培养是一个漫长的过程，短期内难以快速满足我国产业基础领域的中高端技术型人才需求，且教育体制与社会劳动力所需结构的不匹配、社会氛围对技术型人才的不重视进一步限制了人才流入产业基础领域。

未来在产业要素层面应着重关注产业基础缺乏的中高端人才、基础研究、数字化基础设施等要素的投入，加大对企业的支持和引导，积极发挥政府的作用，提供有力的政策支持与保障，推动产学研深度融合，提高产业基础产品与技术的核心竞争力，促进数字、信息等新兴产业发展要素与产业基础的深度融合，提高产业智能化水平，实现产业基础可持续高质量发展。

9.4.4 以市场需求牵引技术创新，以政策保障驱动创新落地

市场的接受程度直接反映了产业基础建设的成效，以市场需求牵引产业基础产品与技术创新是引导政策资源准确流向薄弱环节的重要保证。当前我国产业基础高级化的重点任务是攻克产业短板，打通产业链上中下游，实现对产业上游关键环节的把控。上游产品与技术实现突破后能否应用到下游整机主机层面需要产业基础企业准确了解市场需求，避免"蒙着头"创新。

从政策协同的分析结果看，"十二五"和"十三五"期间我国产业基础示范项目工具的使用达到了高峰，示范项目是我国为了促进技术创新、加快产业化的主要手段，通过建设一系列产业基础示范应用，推动科技成果转化与产业化，加速新产品、新技术、新业态的推广应用。示范工程的成功运作为产业基础企业起到了很好的带头作用，对我国基础领域科技成果转化也提供了重要的经验借鉴。因此，未来可以进一步加大政策保障推动技术创新的支持力度，降低市场风险，为产业基础提供良好的创新环境。

第 10 章

产业基础评价体系与评估指数

根据产业基础的相关概念，建立了由基础零部件和元器件、基础工艺和制造装备、基础材料、工业基础软件、标准和基础检测检验系统等二级指标构成的产业基础评价体系，通过收集国内外公开数据集，采用主成分分析方法计算评价不同年度、不同国家产业基础发展水平，分析各国发展态势以及我国存在的差距，定量化研判我国产业基础发展方向和目标供支撑。

10.1 构建方法

10.1.1 思路和基本原则

结合文献分析、专家研究和典型指标借鉴，产业基础评价指标体系的选取主要遵循以下六个基本原则。

一是系统性原则。根据产业基础的内涵选择指标，每组指标相互独立而又彼此联系，指标间具备一定的逻辑关系，能够从不同侧面反映出基础零部件和元器件、基础材料、基础工艺和制造装备、工业基础软件、标准和基础检测检验系统等方面（即"五基"）的主要特征和状态，也要反映出"五基"之间的内在联系。

二是典型性原则。选择的指标具有一定代表性，以标志性产品的集合表征"五基"的具体特征，能够从不同角度反映"五基"在各个层面的优势与劣势，尽可能保证评价的全面性，同时考虑到指标的选取需要便于数据计算，降低数据处理的难度，能够提高评价结果的可靠性。

三是动态性原则。产业基础的提升是长期和动态的过程，"五基"之间的关系以及指数的变化应与这一动态过程相一致，通过具有时间序列特性的指标体现出来，能够清晰地反映我国产业基础在不同发展阶段的状况，可以适应不断变化的产业发展需求。

四是可比可操作可量化原则。以联合国、经合组织、世贸组织、世界银行等国际组织的官方数据为基础，具有标准的定义和国际可对比性，数据来源可靠，统计口径明确，核算方法科学，使得出的指标体系和指标权重更加科学合理，既可反映各国基本情况，也有利于进行实际测算和定量分析。

五是简明科学性原则。指标的设计和选择能够真实地反映出"五基"的特点和状况，客观描述指标的真实关系。同时所选指标具有一定代表性，涵盖范围繁简适中，在保证评价信息不遗漏的基础上最大程度降低评价内容的重叠。

六是综合性原则。以评价各国产业基础的发展状况为最终目标，从各个角度对"五基"发展进行综合分析，与制造强国指数保持一致。

10.1.2 指标的构建特点

借鉴典型指标构建经验，考虑我国产业基础评价指标体系构建的目的，我国产业基础评价指标体系的设置主要突出以下三个特点。

一是先评估后使用。通过对国际组织数据进行数据收集口径确认、研究分析和趋势预判。贴近评价目标，从评估工作中识别指标的优势与问题，为进一步优化指标体系，提高指标的准确性奠定基础。

二是兼顾规模增长和能力对比。制造业市场规模巨大是我国产业基础的先天优势，在进行能力对比时客观反映这一基本特点，同时采用一系列反映产业基础强弱的数据反映各国产业基础水平，做到全面、系统、客观。

三是关注指标体系层次划分。产业基础的评价既包括对基础零部件和元器件、基础材料、基础工艺和制造装备、工业基础软件等产品的对比，这类指标主要从贸易竞争、产业规模、企业影响三个维度构建；也包括标准和基础检测检验系统的对比，指标构建主要从工业设计、知识产权、检测检验、研发投入等方面出发。

10.2　产业基础评价指标体系的内容

一级指标即"产业基础"，包含五个二级指标"基础零部件和元器件""基础工艺和制造装备""基础材料""工业基础软件""标准和基础检测检验系统"。具体指标体系如表 10-1 所示。

表 10-1　产业基础指标体系

一级指标	二级指标	指标维度	三级指标
产业基础	基础零部件和元器件	贸易竞争	标志性零部件的贸易竞争力
			标志性零部件的国际市场占有率
			集成电路与电子元件的贸易竞争力
			中间产品显示性比较优势
		企业影响	一国知名零部件企业数量
			一国知名半导体企业数量
	基础材料	贸易竞争	原材料国家增长率
			原材料显示性比较优势
		产业规模	GDP 每单位国内材料消耗
		企业影响	一国知名化工企业数量
	基础工艺和制造装备	贸易竞争	金属切削机床的贸易竞争力
			金属切削机床的国际市场占有率
		产业规模	工业机器人的安装量
		企业影响	一国知名机器人企业数量

续表

一级指标	二级指标	指标维度	三级指标
产业基础	工业基础软件	产业规模	一国软件收入
		企业影响	一国拥有的知名软件与互联网企业数
			开源软件贡献企业数
	标准和基础检测检验系统	工业设计	工业设计注册数量
		知识产权	知识产权使用收费
		检测检验	专业、科学和控制仪器的国际市场占有率
			专业、科学和控制仪器的贸易竞争力
		创新能力	一国研发投入占 GDP 比重

10.2.1 基础零部件和元器件

（1）标志性零部件的贸易竞争力

标志性零部件的贸易竞争力=（标志性零部件的出口额-进口额）/（标志性零部件的出口额+进口额）。其值越接近于 0 表示竞争力越接近于平均水平；该指数为-1 时表示该产品只进口不出口，越接近于-1 表示竞争力越薄弱；该指数为 1 时表示该产品只出口不进口，越接近于 1 则表示竞争力越大。

（2）标志性零部件的国际市场占有率

标志性零部件国际市场占有率=一国标志性零部件出口额/世界标志性零部件出口总额。值越高，表示该产品所具有的国际市场占有率越高，反之则越低。

标志性零部件选取轴承、传动轴、齿轮、机动车零部件、蒸汽轮机、活塞内燃机、喷气发动机等，主要对应《国际贸易标准分类》第四版下第 712、713、714、746、748、784 类别下的产品。

（3）集成电路与电子元件的贸易竞争力

集成电路与电子元件的贸易竞争力=（集成电路与电子元件的出口额-进口额）/（集成电路与电子元件的出口额+进口额）

"集成电路与电子元件"是世界贸易组织根据《国际贸易标准分类》第三版中的产品分类定义第 776 条，包含热电子、冷阴极或光电阴极阀和管（例如，真空或蒸汽或充气阀和管、水银整流阀和管、阴极射线管、电视显像管）；二极管、晶体管和类似的半导体器件。

（4）中间产品显示性比较优势

中间产品显示性比较优势=（该该产品的出口额/该国全部产品的出口额）÷（该产品世界出口总额/世界总出口值）。显示性比较优势是指一个国家某种商品出口额占其出口总值的份额与世界出口总额中该类商品出口额所占份额的比率。

"中间品"是以加工阶段为分类标准，位于第二加工阶段的产品组，主要包括运输设备零配件、资本货物零部件、初级和加工的燃料和润滑剂（汽油除外）、用于工业的初级的和加工过的食品和饮料、未特别说明的初级和加工过的工业用品。

（5）一国知名零部件企业数量

选取《全球汽车零部件企业排行榜》中各国企业数量。"美国汽车新闻"根据上一年在汽车行业配套市场的营业收入或销售额对汽车零部件供应商进行排名。

（6）一国知名半导体企业数量

来自 IC insight 发布的"全球 TOP15 半导体厂商营收排名"。

10.2.2　基础材料

（1）原材料国家增长率

原材料国家增长率是指原材料的出口额（或进口额）的年增长率百分比。

（2）原材料显示性比较优势

原材料显示性比较优势是指原材料的出口在全世界原材料出口中的份额与该国所有产品的出口在世界总出口中份额的比率。

"原材料"是以加工阶段为分类标准，位于第一加工阶段的产品组，主要指来自矿业、农业、林业、牧业等的产品。

（3）GDP 每单位国内材料消耗

按国内材料消耗计算的国内生产总值（Gross domestic productper domestic material consumption），此处"材料"主要指物质资源，即来源于构成经济物质基础的自然资源的物质：金属（黑色金属、有色金属）、非金属矿物（建筑矿物、工业矿物）、生物量（木材、食品）和化石能源载体。

（4）一国知名化工企业数量

美国《化学与工程新闻》杂志所发布的"全球化工企业 50 强"名单中的一国企业数量，根据化工企业上一财年的销售业绩进行的排名。

10.2.3 基础工艺和制造装备

（1）金属切削机床的贸易竞争力

金属切削机床的贸易竞争力=（金属切削机床的出口额-进口额）/（金属切削机床的出口额+进口额）

（2）金属切削机床的国际市场占有率

金属切削机床的国际市场占有率=一国金属切削机床的出口额/世界金属切削机床的出口总额

主要是指《国际贸易标准分类》第四版第 731 类的所有产品，包括以切削金属或其他材料方式进行加工的机床。利用激光或其他光或光子束、超声波、放电、电化学、电子束、离子束或等离子体喷注等工艺切削材料而对材料进行加工的机床；加工金属的多工序自动数控机床、单元结构机床和多工位连续自动工作机床；导轨式组合头钻床；精加工用机床。

（3）工业机器人的安装量

来自国际机器人联合会所做出的统计年报，包含各国制造业的机器人安装量，细分行业包括食品和饮料，纺织品，木材和家具，纸类，塑料和化工产品，橡胶和塑料制品，玻璃、陶瓷、石材、矿产品，基本金属，金属制品，工业机械，家用电器，计算机及外围设备，电机，国内外信息通信设备，电子元器件，半导体、LCD、LED，医疗、精密、光学仪器，汽车，机动车、发动机和车身等，是以国际标准产业分类做出的划分。

（4）一国知名机器人企业数量

美国"机器人技术商业评论"每年发布的《前 50 强机器人公司》（"Top 50 Robotics Companies"）排行榜中的企业数量，主要根据商业成功、创新和影响力这三个关键属性选出全球知名的 50 家公司。

10.2.4　工业基础软件

（1）一国软件收入

各国应用开发软件、系统基础设施软件、客户关系管理软件、企业资源规划软件、供应链管理软件等软件产品的年销售收入。

（2）一国拥有的知名软件与互联网企业数量

世界品牌实验室 500 强中软件和互联网企业的数量。

（3）开源软件贡献企业数量

根据开源贡献者指数（Open Source Contributor Index），以各大

商业组织根据其员工在 GitHub 上的开源贡献量进行排名的企业数量，GitHub 是免费和开源项目的主要源代码存储库。

10.2.5 标准和基础检测检验系统

（1）工业设计注册数量

工业设计注册是向国家或区域知识产权局登记工业设计的申请，以及有关局通过海牙系统收到的指定书。工业设计适用于各种工业产品和手工艺品，它们指有用物品的装饰或美学方面，包括线条或颜色的组合，或使产品或手工艺品具有特殊外观的任何三维形式。

（2）知识产权使用收费

知识产权使用收费是指居民和非居民之间未在授权的情况下使用无形、不可再生的非金融资产和专有权利（例如专利、版权、商标、工业流程和特许权），以许可的形式使用原创产品的复制真品而进行的收费。

（3）专业、科学和控制仪器的国际市场占有率

专业、科学和控制仪器的国际市场占有率=（一国专业、科学和控制仪器的出口额）/（世界专业、科学和控制仪器的出口总额）。

（4）专业、科学和控制仪器的贸易竞争力

专业、科学和控制仪器的贸易竞争力=（专业、科学和控制仪器的出口额-进口额）/（专业、科学和控制仪器的出口额+进口额）。

主要是指联合国商品贸易统计数据库《国际贸易标准分类》第874类的所有类别商品，包括测量、检验、分析及控制用仪器和器械，如物理化学分析用仪器及器械，水道、海洋、水文、气象或地球物理用仪器和器械，测量或检查液体或气体的流量、量位、压力或其他量数用仪器及器械等。

（5）一国研发投入占 GDP 比重

研究和开发（R&D）的国内总支出占 GDP 的比重，以百分比表示。包括四个主要部门的资本支出和经常支出：企业、政府、高等院校和私营非营利机构。研发包括基础研究、应用研究和实验开发。

10.3 数据来源与预处理

10.3.1 数据来源

本研究所选择数据来源于联合国商品贸易统计数据库、世界银行世界发展指标数据库、世界知识产权组织统计数据库、经济合作与发展组织统计数据库、国际机器人联合会等国际组织的官方数据库，以及"美国汽车新闻""IC insight""美国《化学与工程新闻》"等专业杂志、商业调研机构、行业协会，作为主要的数据来源。

10.3.2 对标国家选取

为了从量化角度分析我国与其他国家之间的产业基础能力的差距，选取美、日、德、英、法五国作为参照对象，所选国家皆是世界制造业强国，产业基础实力雄厚，各自拥有全球知名的强势产业，在某些细分领域内处于世界领先地位。

美国是世界制造业强国，处于世界制造业产业链头部，能够生产拥有高技术门槛的尖端产品，在新材料、半导体、高端芯片等诸多领域处于领先地位，其制造业附加值整体水平高。

德国是欧洲老牌工业强国，其钢铁、化工、机械、电气等制造业世界领先，拥有大众、戴姆勒、宝马、西门子等一批全球知名企业，世界一流的职业技术教育体系让德国制造业拥有众多优秀的产业技术工人。德国拥有先进的制造理念，在 2013 年的汉诺威工业博览会上，德国正式推出"工业 4.0"战略，开启了全球第四次工业革命的序幕。

法国是欧洲工业体系完备、技术实力雄厚的国家，其航空工业、核电装备、高速铁路等尖端领域在世界处于顶尖水平。航空工业领域，法国能够生产民用客机、运输机、军用战机、军用直升机等诸多航空机种，是欧洲航空工业的领头羊。法国高速铁路于 20 世纪 70 年代开始布局，法国 TGV 高速列车曾创下世界轮轨列车的最高速度——574.8km/h，法国阿尔斯通公司的高铁技术对我国高铁的快速发展具有重要意义。

英国是世界上第一个进行工业革命的国家，被称为"现代工业革命的摇篮"，是工业经济领域的必要研究对象，在过去的很长一段时间占据着全球制造业霸主地位。2008 年，英国政府提出"高价值制造"战略，选取高价值精密设备、药物和生物科学、交通、系统和机械等重点行业，支持本土企业制造高附加值产品。

日本是亚洲地区的制造业强国，二战后在美国的扶持下实现快速发展，几十年间实现产业结构由重化工产业向机械制造业转变，精益生产理念使得日本汽车在全球迅速推广，机床、消费电子、汽车、机器人是其制造业的重要支柱性产业，且日本善于应用产业政策，对我国经济的发展有重要的借鉴作用。

10.3.3　数据预处理

由于各国际组织的数据更新时间不同，部分指标的年份数据处于缺失状态。如"一国研发投入占 GDP 比重"，世界银行数据库中只更新至 2018 年，缺 2019 年和 2020 年两年的数据，以及"原材料国家增长率"数据更新至 2019 年，缺 2020 年的数据。

针对这些数据缺失的情况，需要采用合适的方法进行填充。主要采用两种方法对缺失数据进行处理，第一种是针对具有明显递增或递减特点的数据指标，如"一国研发投入占 GDP 比重""原材料显示性比较优势"等指标，具有明显的递增趋势，采用最小二乘法对缺失数据进行线性拟合。以英国 2015 年到 2018 年的数据为例，这 4 年英国"研发投入占比"分别为 1.64985、1.66023、1.68022、1.70274，增长趋势明显且稳定，因此采用最小二乘法可以较为准确地预测 2019 年和 2020 年的研发投入占 GDP 的比重为 1.717925 和 1.735791。

第二类指标是数据波动较大，变化趋势不规律导致难以准确预测，因此采用的缺失值填充方法为"就近填充"，即采取缺失年份的前一年或后一年的数据作为当年数据。如德国的"原材料国家增长率"从 2015 年到 2019 年分别为 -8.419、-1.661、5.427、1.915、-1.100，以 2019 年的数据作为 2020 年的国家增长率为 -1.100。

缺失数据补齐后，计算研究年份内各指标均值，在此基础上使用主成分分析法求各指标权重，计算各年份指数评价结果。各指标权重结果如表 10-2 所示。

表 10-2　产业基础指标体系权重

一级指数	二级指数	指标维度	三级指标	权重
产业基础指数	基础零部件和元器件	贸易竞争	标志性零部件的贸易竞争力	0.048
			标志性零部件的国际市场占有率	0.048
			集成电路与电子元件的贸易竞争力	0.047
			中间产品显示性比较优势	0.049
		企业影响	一国知名零部件企业数量	0.052
			一国知名半导体企业数量	0.039
	基础材料	贸易竞争	原材料国家增长率	0.051
			原材料显示性比较优势	0.052
		产业规模	GDP 每单位国内材料消耗	0.042
		企业影响	一国知名化工企业数量	0.049
	基础工艺和制造装备	贸易竞争	金属切削机床的贸易竞争力	0.036
			金属切削机床的国际市场占有率	0.041
		产业规模	工业机器人的安装量	0.042
		企业影响	一国知名机器人企业数量	0.042

续表

一级指数	二级指数	指标维度	三级指标	权重
产业基础指数	工业基础软件	产业规模	一国软件收入	0.042
		企业影响	一国拥有的知名软件与互联网企业数量	0.045
			开源软件贡献企业数量	0.043
	标准和基础检测检验系统	工业设计	工业设计注册数量	0.048
		知识产权	知识产权使用收费	0.038
		检测检验	专业、科学和控制仪器的国际市场占有率	0.051
			专业、科学和控制仪器的贸易竞争力	0.044
		创新能力	一国研发投入占 GDP 比重	0.051

10.4 产业基础指数结果分析

10.4.1 产业基础指数

如表 10-3 所示,从产业基础指标体系的评价结果来看,各国 2015 年到 2020 年的产业基础能力呈稳定趋势,部分国家有轻微波动,中、美、日、德、英、法六国总体上可以划分为三梯队,各梯队内部具有一定变化。如图 10-1 所示,第一梯队为美国,美国的产业基础能力常年居于六国之首,且远远高于第二梯队国家;第二梯队为德国和日本,两国的产业基础能力相差不大,在 2018 年之前日本实力强于德国,从 2018 年起德国略强于日本;第三梯队国家为中国、法国、英国,在六国的能力评估结果中基本处于负指数水平,三国之间有各自的优势和弱势产业,总体差距不大。

表 10-3 评价结果(产业基础指数)

国家	年份					
	2015	2016	2017	2018	2019	2020
中国	−0.4544	−0.4852	−0.5004	−0.4716	−0.3898	−0.3404
美国	0.7245	0.6540	0.7212	0.7273	0.7510	0.7336

续表

国家	年份					
	2015	2016	2017	2018	2019	2020
日本	0.3976	0.4161	0.3251	0.2400	0.2408	0.2489
德国	0.2125	0.2197	0.2525	0.2608	0.2871	0.2856
英国	-0.4926	-0.3650	-0.3245	-0.3282	-0.4319	-0.4475
法国	-0.3876	-0.4396	-0.4738	-0.4282	-0.4572	-0.4801

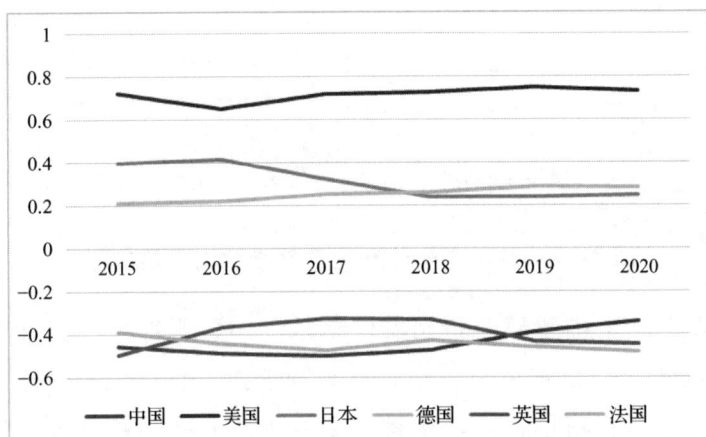

图 10-1　产业基础指数变化趋势图

10.4.2　二级指标评价结果

（1）基础零部件和元器件指数

基础零部件和元器件领域，日本优势明显，能力处于六国之首，美国和德国处于日本之后，其次分别是法国和英国，中国处于最末位，见图 10-2。

日本拥有众多汽车零部件的优秀企业，世界百强汽车零部件供应商中，日本常年占据四分之一席位，其"标志性零部件的贸易竞争力"在评估年份中全部处于首位，相比于第二位的德国高出一倍以上，同时日本的集成电路和电子元器件的贸易竞争力大大领先其他五国。中间品的显示性比较优势和零部件的市场占有率虽没有达到第一，但与领先国家相差不大，其知名半导体企业的数量在六国中也基本处于第二梯队。

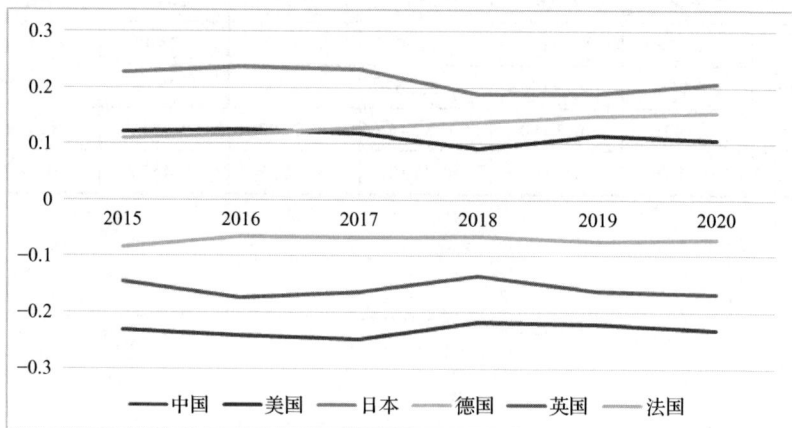

图 10-2　基础零部件和元器件指数结果趋势图

中国在"基础零部件和元器件指数"中，零部件的国际市场占有率在近几年与日本持平，然而贸易竞争能力远远低于日本，处于中下水平。所拥有的汽车零部件知名企业近几年有所增长，世界百强汽车零部件供应商中，2015 年有两家入选，到 2020 年增长了 3 倍有余，但基本是日本的零头，日本有 27 家企业入选，中国只有 7 家。集成电路与电子元件的贸易竞争力处于六国之尾。总体来说，在零部件和元器件领域，中国的基本态势为相关产品的国际市场占有率居中，但是贸易竞争力较弱，中间品显示比较优势不足，缺乏领域优秀企业，近几年各项能力都有增长但是总体水平依然较低。

（2）基础材料指数

在基础材料方面，美国处于第一梯队，欧洲和日本总体上处于跟随地位，中国相比之下差距较大，见图 10-3。

材料是工业产品的最初形态，对于新产品的开发至关重要，所影响的工业部门广泛，研发周期长且具有市场应用的不可预知性。美国将材料视为"科技发展的骨肉"，高度重视新材料产业的发展，2018 年《先进制造业美国领导力战略》中提出的三大目标之一——开发和转换新的制造技术，该目标下提出"开发世界领先的材料和加工技术"，其中以高性能材料、增材制造及以关键矿物在内的关键材料为主要优先事项。拥有橡树岭国家实验室、阿贡国家实验室、布鲁克海文国家实验室、劳伦斯利弗莫尔国家实验室等世界知名材料研究机构。

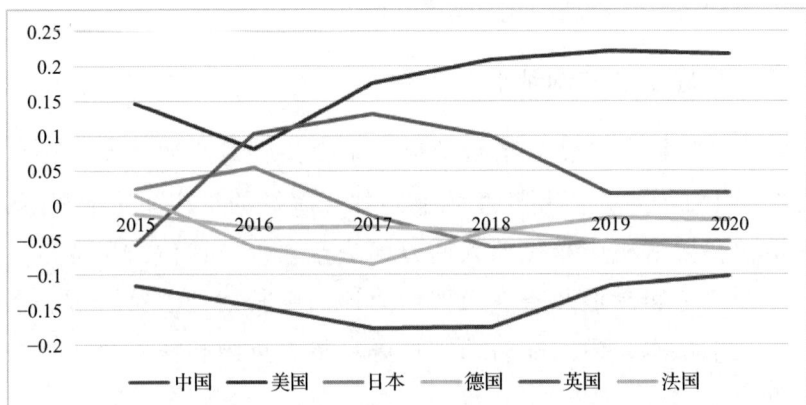

图 10-3 基础材料指数结果趋势图

欧洲地区的新材料产业分布在德国、法国、英国，整体发展水平较高。英国是世界主要的化工生产国之一，跨国公司规模在欧洲名列前茅，化工产品竞争力较强，其先进材料优势领域主要集中在生物材料、纳米材料等。德国在复合材料的生产和应用方面较为突出，其复合材料产量占整个欧洲的 40%，是世界最大的化工产品出口国，拥有全球化工材料龙头企业——巴斯夫，其 2020 年化学品销售额为 674.9 亿美元，高出同年位居世界第二的中国石化近 200 亿美元。

日本在精细陶瓷、碳纤维、工程塑料、非晶合金、超级钢铁材料等产业中具有全球优势地位，是全球唯一能制造第五代单晶材料的国家。在飞机骨架、火箭喷管、军用雷达、涡轮发动机叶片领域十分重要的三种顶尖材料——高强度碳纤维材料、宽禁带半导体收发组件材料、高性能单晶叶片领域的技术水平世界领先，拥有国立材料研究所等全球知名材料实验室。

近年来，我国重视材料产业的发展，产业门类布局齐全，产业规模不断提升，有色金属、稀土金属、化学纤维、光伏材料等众多材料产品产能居世界首位。然而产业结构上我国多分布在低端层次，低水平重复建设现象严重，产业共性技术不强，原创能力弱，顶尖产品自给率低，高端材料、技术与装备严重依赖国外，据工信部 2018 年统计，在 130 多种关键基础化工材料中，我国 32%的材料品种仍为空白，52%的材料品种仍依赖进口。

（3）基础工艺和制造装备指数

基础工艺和制造装备指数的评估主要是针对金属的切、削、铸等制造加工工艺，以及用于生产制造加工领域的机床和工业机器人，因此指数主要从机床和机器人两方面进行评价。评估结果显示，日本的基础工艺和制造装备在六国能力评估中长期处于第一位，美国和德国次于日本，中国在后期有追赶趋势，英国和法国处于弱势水平，见图 10-4。

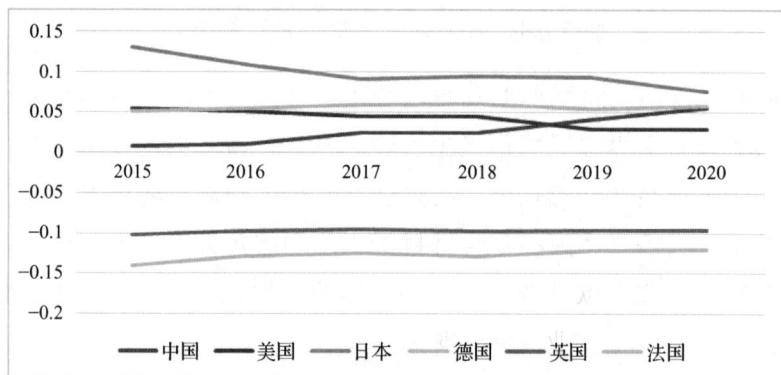

图 10-4　基础工艺和制造装备指数结果趋势图

机床能够支撑一国的工业体系，是工业产品生产流程中的基础环节。日本政府很早就重视机床工业的重要性，从 1956 年开始的几十年间先后颁布"机振法""机电法"和"机情法"，根据自身产业情况针对机床工业提出了不同阶段的振兴目标，"机振法"明确扶持机床产业，"机电法"鼓励发展机电一体化，"机情法"鼓励自主创新。日本机床拥有悠久的发展历史和极高的世界知名度，尤其是高端机床的水平世界领先，山崎马扎克、天田、大隈、牧野等企业在国际机床市场拥有重要影响力。赛迪智库发布的 2019 年全球 TOP10 数控机床企业排名中，山崎马扎克以 52.8 亿美元的营收排名第一，天田、大隈、牧野分别处于第五、第六和第七位，德国通快、格劳博、哈斯、埃玛克分别位于第二、三、八、九位，全球十大数控机床企业中，德日两国共占据 8 席。

我国机床产业市场规模巨大，能基本满足本国需求，但是在高精尖机床方面能力不足，与日德等还有技术积累雄厚的强国相比还有较大差距，在未来较长的一段时间内仍处于跟随阶段。

在工业机器人领域，我国从 2013 年开始便成为全球最大的机器人消费国，根据国际机器人联合会的 *World Robotics 2021 Industrial Robots* 报告，2020 年，中国、日本、美国、韩国和德国是世界五大机器人市场，五个国家占据全球机器人安装量的 76%，我国当年工业机器人安装量达到 16 万台，占世界总安装量的 44%，机组安装数量超过了欧洲和美洲的安装量总和（106436 台），同年日本的工业机器人安装量占世界总安装量的 10%。美国占 8%，德国占 6%。我国工业机器人产业规模巨大，增长速度不断加快，拥有良好的市场前景和广阔的应用领域。

我国虽然市场规模巨大，但是自给能力差，绝大部分机器人产品依赖进口。根据国际机器人联合会的统计，我国目前近 70% 的机器人由国外厂商提供，2020 年，从日本、韩国、欧洲为主要进口来源的工业机器人的安装量达到 123030 台，增长近 24%，国内厂商的市场份额占比约为 27%。日本是世界第一大工业机器人制造国，2020 年机器人出口 136069 台，36% 的机器人产品出口中国，22% 的产品出口美国。日本产业自主化程度高，2020 年的进口装置只占本土安装量的 2%，基本实现自给自足，并且拥有发那科、川崎重工、安川、爱普生机器人、那智不二越等机器人领域的著名企业。

（4）工业基础软件指数

工业基础软件领域，美国实力强劲。从结构设计软件、应用开发软件、客户关系管理软件、企业资源规划软件、供应链管理软件，到操作系统、数据库、计算机辅助设计等领域，美国企业在全球占据着绝对的领导地位，见图 10-5。美国政府从国家战略层面将建模、仿真、模拟作为服务于本国制造业的关键技术，高度重视其在工业基础软件的全球优势，2012 年《国家先进制造战略计划》将数值模拟分析技术作为重点发展领域，2018 年《先进制造业美国领导力战略》在保持电子设计和制造领域的领导地位目标方面，要求从原型设计阶段开始，研究提供敏捷制造的方法。

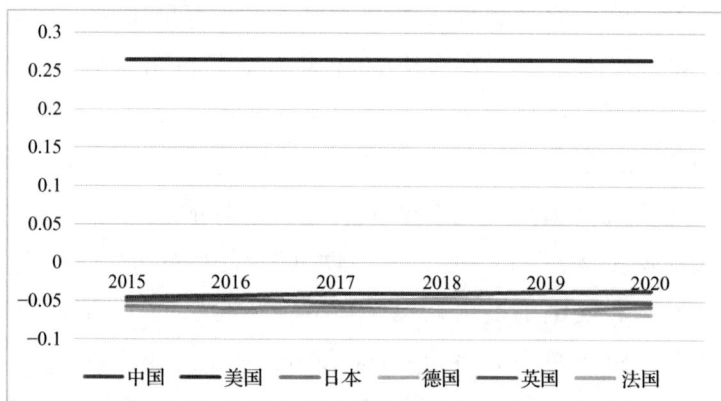

图 10-5　工业基础软件指数结果趋势图

中国在工业基础软件领域与国际先进国家相比竞争能力较弱。以 CAD、CAE、CAM、EDA、PLM 为代表的研发设计类软件，90%的软件基本依靠进口，国产软件主要应用于模具、家具家电等对软件功能要求不高的领域。在 EDA 软件领域，根据我国相关商业调研机构的调查结果，2020 年国产 EDA 软件在国内市场的份额只有 10%左右，其余份额基本被美国的 Synopsys、Cadence 和 Mentor Graphics 三大巨头占据，市场集中度高。目前我国本土 EDA 软件厂商专注于细分领域，华大九天、概伦电子、广立微、国微思尔芯四家企业在国内具有一定影响力，但是企业规模较小，软件工具完整度不高，要达到国际水平仍然需要较长时间。CAD 领域，法国达索（Dassault Systemes）、德国西门子（Siemens）和美国参数技术公司（PTC）三家占据全球市场份额的 60%以上，在我国市场的占有率更是达到 90%以上。

在其他领域，我国工业基础软件国产化推进情况各有优劣。石化、钢铁等流程行业中，生产制造类工业基础软件的国产化应用正稳步提升；服贸家具等行业对产品精度要求不高，国产软件基本可以满足日常业务需求；汽车、航空航天等行业对产品精度要求高，设计工艺复杂，国产软件难以满足市场需求。

（5）标准和基础检测检验系统指数

在标准和基础检测检验系统领域，处于第一梯队的是美国和德国，其次是日本，中、英、法三国处于负指数，见图 10-6。标准和基础检测检验系统指数评价的是各国在知识产权、检测检验、研发投入等方面的总体能力。

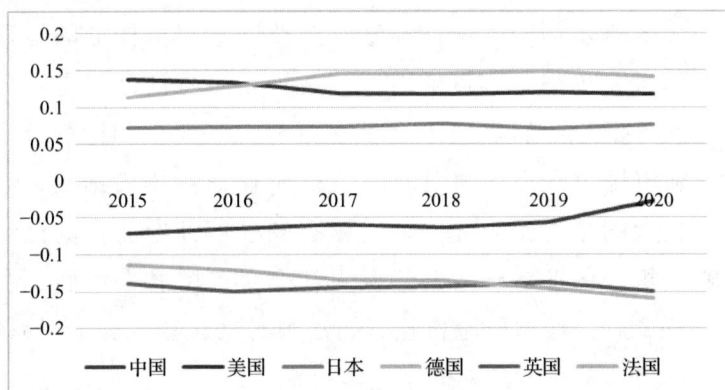

图 10-6 标准和基础检测检验系统指数结果趋势图

在研发投入方面，从 2018 年起，德国和日本的研发投入占 GDP比重便达到 3%以上，美国达到 2.8%，中国以 2.14%的比例位居第四。从 2013 年起，我国研发经费总额一直处于世界第二，仅次于美国，但是研发投入的效益和科研资金的使用效率有待提高。

知识产权是包括作品、专利、商标、商业秘密在内的权利人的专有权利，是对创新的法律保障。从 2015 年起，欧美发达国家及日本的知识产权收费已经达到百亿级收费，美国超过万亿美元，我国从 2015 年到 2020 年，知识产权收费从 10.8 亿美元上升到 85.5 亿美元，增长八倍以上，但是只达到法国 2007 年以前的水平。近 20 年来，我国知识产权收支差额日益增大，收费增速远赶不上付费增速，见图 10-7。

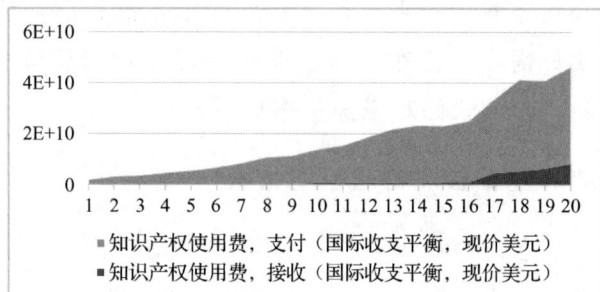

图 10-7　我国知识产权收支差额

检测检验技术能够保障产品质量，维护消费者权益，为产品设定市场准入的基本门槛，同时能够为产业升级提供标准的指导性作用，在国际贸易过程中，可信的检测认证是自身商品取得外部市场认可的必不可少的环节。2020 年我国的专业、科学和检测检验仪器设备的国际市场占有率达到 10%，在评估国家中排名第三，而贸易竞争能力在六国中处于末尾。欧美国家较早展开专业化的检测检验服务，专业机构的业务环节已经深入社会生产的各个层面，在国际上拥有一批专业化检测检验机构，如法国必维集团、英国天祥集团、德国莱茵集团、美国 UL 安全检定实验室。

我国在上游检测检验专用仪器设备及实验耗材等领域竞争力不强；在中游的检测检验机构和相关服务提供商环节，一部分企业正稳步发展，并且已经出现了深圳市华夏准测检测技术有限公司、广电计量检测股份有限公司、中国检验认证（集团）有限公司等在国际上拥有知名度的企业；在下游检测检验应用领域，市场规模正持续增长，企业制检测检验机构逐渐成为主流，新兴产业的市场需求增速超过传统产业。近年来，随着检测行业受到国家政策的大力支持和高度重视，我国检测检验行业迎来了新的发展机遇。

参考文献

[1] 工业和信息化部. 机械基础件、基础制造工艺和基础材料产业"十二五"发展规划[Z]. 北京. 2011

[2] 郭朝先. 改革开放 40 年中国工业发展主要成就与基本经验[J]. 北京工业大学学报（社会科学版），2018, 18(06): 1-11.

[3] 倪光南. 发展工业软件，建设制造强国[J]. 信息化建设，2020 (12): 48-50.

[4] 罗仲伟，孟艳华. "十四五"时期区域产业基础高级化和产业链现代化[J]. 区域经济评论，2020(01): 32-8.

[5] 朱明皓，张志博，杨晓迎，等. 推进产业基础高级化的战略与对策研究[J]. 中国工程科学，2021, 23(02): 122-8.

[6] 周毅彪. 江苏提升产业基础能力的实践与思考[J]. 现代管理科学，2021(07): 3-8.

[7] 刘伟，李绍荣. 产业结构与经济增长[J]. 中国工业经济，2002 (05): 14-21.

[8] 杨艳明，朱明皓，邵珠峰，等. 我国基础零部件和元器件发展对策研究[J]. 中国工程科学，2017, 19(03): 117-24.

[9] AMMAR M, HALEEM A, JAVAID M, et al. Improving material quality management and manufacturing organizations system through Industry 4.0 technologies [J]. Materials Today: Proceedings, 2021, 45: 5089-96.

[10] 干勇. 关键基础材料的发展及创新[J]. 钢铁研究学报，2021, 33(10): 997-1002.

[11] YANG T, YI X, LU S, et al. Intelligent Manufacturing for the

Process Industry Driven by Industrial Artificial Intelligence [J]. Engineering, 2021, 7(9): 1224-30.

[12] 柳百成. 加强先进基础工艺创新能力[J]. 中国工业评论，2017 (01): 36-8.

[13] 谭章禄，陈晓. 我国软件产业国产化发展战略研究[J]. 技术经济与管理研究，2016(08): 104-8.

[14] 国家制造强国建设战略咨询委员会，中国工程院战略咨询中心. 工业强基[M]. 北京：电子工业出版社，2016.

[15] 盛朝迅. 推进我国产业链现代化的思路与方略[J]. 改革，2019, No.308(10): 45-56.

[16] 黄群慧，倪红福. 基于价值链理论的产业基础能力与产业链水平提升研究[J]. 经济体制改革，2020, No.224(05): 11-21.

[17] 涂圣伟. 产业基础能力和产业链水平如何提升[R]. 北京：经济日报，2019-09-03.

[18] 张培刚. 农业与工业化（中下合卷）：农业国工业化问题再论[M]. 武汉：华中科技大学出版社，2002.

[19] 宋正. 中国工业化历史经验研究[D]；东北财经大学，2010.

[20] 曾国安. 试论工业化阶段的划分[J]. 经济评论，1997(03): 33-40.

[21] 郭克莎. 中国工业化的进程、问题与出路[J]. 中国社会科学，2000(03): 60-71+204.

[22] 简新华，向琳. 论中国的新型工业化道路[J]. 当代经济研究，2004(01): 32-8.

[23] 曹建海，李海舰. 论新型工业化的道路[J]. 中国工业经济，2003 (01): 56-62.

[24] 徐君，高厚宾，王育红. 新型工业化、信息化、新型城镇化、农业现代化互动耦合机理研究[J]. 现代管理科学，2013(09): 85-8.

[25] 林兆木. 关于新型工业化道路问题[J]. 宏观经济研究，2002 (12): 3-8.

[26] 陈佳贵，黄群慧. 论新型工业化战略下的工业现代化[J]. 当代财经，2003(09): 89-95.

[27] 刘世锦. 正确理解"新型工业化"[J]. 中国工业经济，2005(11): 5-9.

[28] 亚当·斯密. 国民财富的性质及其原因的研究[M]. 北京：商务印书馆，1997.

[29] 王德利，方创琳. 中国跨区域产业分工与联动特征[J]. 地理研究，2010, 29(08): 1392-406.

[30] 江小涓，靳景. 数字技术提升经济效率：服务分工、产业协同和数实孪生[J]. 管理世界，2022, 38(12): 9-26.

[31] 宋德勇，李东方. 国家级城市群高质量平衡增长研究——基于产业分工的视角[J]. 经济经纬，2021, 38(01): 5-14.

[32] 王磊，李金磊. 区域协调发展的产业结构升级效应研究——基于京津冀协同发展政策的准自然实验[J]. 首都经济贸易大学学报，2021, 23(04): 39-50.

[33] 徐建伟. 全球产业链分工格局新变化及对我国的影响[J]. 宏观经济管理，2022(06): 22-9.

[34] 赵家章，丁国宁，郭龙飞. 中美高新技术产业全球价值链分工地位和竞争力研究[J]. 首都经济贸易大学学报，2022, 24(02): 15-26.

[35] 姜兴，张贵. 以数字经济助力构建现代产业体系[J]. 人民论坛，2022(06): 87-9.

[36] 胡西娟，师博，杨建飞. "十四五"时期以数字经济构建现代产业体系的路径选择[J]. 经济体制改革，2021(04): 104-10.

[37] PORTER M E. Competitive Advantage: Creating and Sustaining Superior Performance, F, 1985 [C].

[38] 张旭波. 公司行为与竞争优势——评迈克尔·波特的价值链理论[J]. 国际经贸探索，1997(03): 34-7.

[39] 马海燕. 全球价值链理论研究述评[J]. 华中农业大学学报（社会科学版），2007(05): 94-8.

[40] GEREFFI G. Beyond the Producer-Driven/Buyer-Driven Dichotomy: The Evolution of Global Value Chains in the Internet Era [J]. IDS Bulletin, 2001, 32: 30-40.

[41] 张艳萍，凌丹，刘慧岭. 数字经济是否促进中国制造业全球价值链升级[J]. 科学学研究，2022, 40(01): 57-68.

[42] 阳镇，陈劲，李纪珍. 数字经济时代下的全球价值链：趋势、风险与应对[J]. 经济学家，2022(02): 64-73.

[43] 齐俊妍，任奕达. 数字经济发展、制度质量与全球价值链上游度[J]. 国际经贸探索，2022, 38(01): 51-67.

[44] 戴翔，张雨，刘星翰. 数字技术重构全球价值链的新逻辑与中国对策[J]. 华南师范大学学报（社会科学版），2022(01): 116-29+207.

[45] 陆雄文. 管理学大辞典[M]. 上海：上海辞书出版社，2013.

[46] 刘树成. 现代经济词典[M]. 南京：凤凰出版社，2005.

[47] 迟晓英，宣国良. 正确理解供应链与价值链的关系[J]. 工业工程与管理，2000(04): 29-32.

[48] STEVENS G C. Integrating the Supply Chain [J]. International Journal of Physical Distribution & Materials Management, 1989, 19(8): 3-8.

[49] 郁义鸿. 产业链类型与产业链效率基准[J]. 中国工业经济，2005(11): 35-42.

[50] 龚勤林. 论产业链构建与城乡统筹发展[J]. 经济学家，2004(03): 121-3.

[51] 刘贵富. 产业链基本理论研究[D]；吉林大学，2006.

[52] 刘刚. 基于产业链的知识转移与创新结构研究[J]. 商业经济与管理，2005(11): 13-7.

[53] 刘贵富. 产业链与供应链、产业集群的区别与联系[J]. 学术交流，2010(12): 78-80.

[54] 程华，卢凤君，谢莉娇. 农业产业链组织的内涵、演化与发展方向[J]. 农业经济问题，2019(12): 118-28.

[55] 芮明杰, 刘明宇. 产业链整合理论述评[J]. 产业经济研究, 2006 (03): 60-6.

[56] 王劲松, 韩克勇, 赵琪. 资产价格波动对金融稳定的影响——基于中国数据的实证研究[J]. 中国流通经济, 2016, 30(03): 102-7.

[57] 中国社会科学院工业经济研究所课题组, 张其仔. 提升产业链供应链现代化水平路径研究[J]. 中国工业经济, 2021(02): 80-97.

[58] 龚勤林. 产业链延伸的价格提升研究[J]. 价格理论与实践, 2004(03): 33-4.

[59] 杨公朴 夏. 现代产业经济学[M]. 上海: 上海财经大学出版社, 2002.

[60] 杨丹辉. 全球产业链重构的趋势与关键影响因素[J]. 人民论坛·学术前沿, 2022(07): 32-40.

[61] 石建勋, 卢丹宁, 徐玲. 第四次全球产业链重构与中国产业链升级研究[J]. 财经问题研究, 2022(04): 36-46.

[62] 盛朝迅. 从产业政策到产业链政策:"链时代"产业发展的战略选择[J]. 改革, 2022(02): 22-35.

[63] 宋华, 杨雨东. 中国产业链供应链现代化的内涵与发展路径探析[J]. 中国人民大学学报, 2022, 36(01): 120-34.

[64] 朱庆华. 可持续供应链协同管理与创新研究[J]. 管理学报, 2017, 14(05): 775-80.

[65] 陆岷峰, 徐阳洋. "双碳"目标背景下供应链经济的新特点、新挑战与新对策[J]. 新疆社会科学, 2022(01): 38-46+146.

[66] 祝合良, 王春娟. "双循环"新发展格局战略背景下产业数字化转型:理论与对策[J]. 财贸经济, 2021, 42(03): 14-27.

[67] 徐德安, 曹志强. 大数据分析能力、供应链协同对零售企业绩效的影响[J]. 商业经济研究, 2022(01): 38-41.

[68] 张其仔, 许明. 实施产业链供应链现代化导向型产业政策的目标指向与重要举措[J]. 改革, 2022(07): 82-93.

[69] 解学梅, 韩宇航. 本土制造业企业如何在绿色创新中实现"华

丽转型"——基于注意力基础观的多案例研究[J]. 管理世界，2022, 38(03): 76-106.

[70] 李广析，汤洪波，章国华. 基于主成分分析法的区域产业结构优化效率评价[J]. 科技管理研究，2013, 33(19): 46-50+8.

[71] 王震勤，王维才. 基于主成分分析的我国区域技术能力测度研究[J]. 科技进步与对策，2012, 29(04): 31-5.

[72] 陈艳萍，吕立锋，李广庆. 基于主成分分析的江苏海洋产业综合实力评价[J]. 华东经济管理，2014, 28(02): 10-4.

[73] 孔凡斌，李华旭. 基于主成分分析的长江经济带沿江地区产业竞争力评价[J]. 企业经济，2017, 36(02): 115-23.

[74] LECUN Y, BOTTOU L, BENGIO Y, et al. Gradient-Based Learning Applied to Document Recognition [J]. Proceedings of the IEEE, 1998, 86: 2278-324.

[75] GU J, WANG Z, KUEN J, et al. Recent advances in convolutional neural networks [J]. Pattern Recognition, 2018, 77: 354-77.

[76] HOPFIELD J, TANK D. Neural Computation of Decisions in Optimization Problems [J]. Biological cybernetics, 1985, 52: 141-52.

[77] GERS F A, SCHMIDHUBER E. LSTM recurrent networks learn simple context-free and context-sensitive languages [J]. Trans Neur Netw, 2001, 12(6): 1333-40.

[78] VASWANI A, SHAZEER N, PARMAR N, et al. Attention is all you need [Z]. Proceedings of the 31st International Conference on Neural Information Processing Systems. Long Beach, California, USA; Curran Associates Inc. 2017: 6000–10

[79] DEVLIN J, CHANG M-W, LEE K, et al. BERT: Pre-training of Deep Bidirectional Transformers for Language Understanding [J]. ArXiv, 2019, abs/1810.04805.

[80] 林佳瑞，程志刚，韩宇，等. 基于 BERT 预训练模型的灾害推文分类方法[J]. 图学学报，2022, 43(03): 530-6.

[81] 涂远来，周家乐，王慧锋. 基于 BERT 预训练模型的事故案例文本分类方法[J]. 华东理工大学学报（自然科学版）：1-7.

[82] 安波，龙从军. 基于预训练语言模型的藏文文本分类[J]. 中文信息学报，2022, 36(12): 85-93.

[83] 沈哲旭，曾景杰，丁健，等. 基于预训练语言模型的电子乐谱情感分类研究[J]. 复旦学报(自然科学版), 2022, 61(05): 581-8.

[84] AMBALAVANAN A K, DEVARAKONDA M V. Using the contextual language model BERT for multi-criteria classification of scientific articles [J]. Journal of Biomedical Informatics, 2020, 112: 103578.

[85] BRISKILAL J, SUBALALITHA C N. An ensemble model for classifying idioms and literal texts using BERT and RoBERTa [J]. Information Processing & Management, 2022, 59(1): 102756.

[86] MAEHARA Y, KUKU A, OSABE Y. Macro analysis of decarbonization-related patent technologies by patent domain-specific BERT [J]. World Patent Information, 2022, 69: 102112.

[87] AGGARWAL A, CHAUHAN A, KUMAR D, et al. Classification of Fake News by Fine-tuning Deep Bidirectional Transformers based Language Model [J]. 2020: 163973.

[88] SOETE L. From Industrial to Innovation Policy [J]. Journal of Industry, Competition and Trade, 2007, 7: 273-84.

[89] BEMELMANS VIDEC M L, RAY C. RIST, EVERT VEDUNG. Carrots, Sticks & Sermons: Policy Instruments and Their Evaluation [M]. New Brunswick, N.J., U.S.A: Transaction Publishers, 1998.

[90] ROTHWELL R. Reindustrialization and technology: Towards a national policy framework [J]. Science and Public Policy, 1985, 12: 113-30.

[91] WACHTMEISTER M. Overview and Analysis of Environmental and Climate Policies in China's Automotive Sector [J]. The

Journal of Environment & Development, 2013, 22: 284-312.

[92] BOLLEYER N. The Influence of Political Parties on Policy Coordination[J]. Governance-Int J Policy Adm I, 2011, 24(3): 469-94.

[93] BAI L B, CHEN H L, GAO Q, et al. Project portfolio selection based on synergy degree of composite system [J]. Soft Comput, 2018, 22(16): 5535-45.

后 记

　　产业基础是所有产业发展和升级的基础，产业基础高级化是我国走向新型工业化亟待解决的战略性任务。朱明皓教授曾在工信部规划司工作多年，从宏观层面深度参与了政府主管部门推进"工业强基"的各项工作，对产业基础和产业基础高级化既积累了丰富经验，也对相关情况有比较全面的了解。朱教授在转岗至北京交通大学任教后，继续孜孜不倦地从学理上对本课题进行深入研究，并主动、积极地参与和配合政府有关部门谋划推进产业基础高级化。朱教授难得的政府主管部门工作经历与国内知名高校专业素养的完美结合，造就了本书既博、又深、且实的特色。

　　本书涉及了制造业产业基础的方方面面，从广义、狭义、典型等不同角度进行了研究和论述；不仅论及了中国，而且对德、日、美等发达国家的经验做了很有见地的归纳和介绍。是为"博"。

　　本书在分析产业基础现状的基础上，从产业理论和定量方法的角度进行了深入研究，提出了"链式理论"的概念，并围绕这一概念做了系统深入的论述。是为"深"。

　　本书不仅有强烈的理论色彩，而且结合我国多年来实施"工业强基"工程中推进"一条龙"项目的实践，提炼出了推进产业基础高级化可资借鉴的实施路径；此外，本书还提出了对实际工作很有意义的产业基础评价体系与评估指数。是为"实"。

　　希望本书能引起业内人士广泛关注，并促进对我国产业基础和产业基础高级化的更深入研究。

中国机械工业联合会专家委专务委员

2023.3.28